中国旅游发展年度报告书系
Annual Development Report of China's Tourism

中国旅游景区发展报告（2016）

CHINA TOURISM SCENIC DEVELOPMENT REPORT (2016)

中国旅游研究院

北京·旅游教育出版社

责任编辑：郭珍宏

图书在版编目(CIP)数据

中国旅游景区发展报告. 2016 / 中国旅游研究院著. -- 北京：旅游教育出版社，2016.6
ISBN 978-7-5637-3417-7

Ⅰ.①中… Ⅱ.①中… Ⅲ.①旅游区—经济发展—研究报告—中国—2016 Ⅳ.①F592.3

中国版本图书馆 CIP 数据核字（2016）第 141638 号

中国旅游景区发展报告(2016)

中国旅游研究院 著

出版单位	旅游教育出版社
地　　址	北京市朝阳区定福庄南里1号
邮　　编	100024
发行电话	(010)65778403 65728372 65767462(传真)
本社网址	www.tepcb.com
E-mail	tepfx@163.com
排版单位	北京旅教文化传播有限公司
印刷单位	北京中科印刷有限公司
经销单位	新华书店
开　　本	787毫米×1092毫米　1/16
印　　张	8
字　　数	96千字
版　　次	2016年6月第1版
印　　次	2016年6月第1次印刷
定　　价	50.00元

(图书如有装订差错请与发行部联系)

《中国旅游景区发展报告（2016）》
编辑委员会

主　　任　戴　斌

编　　委（按姓名音序排列）

　　　　　戴　斌　李仲广　蒋依依　马晓龙

　　　　　马仪亮　宋子千　唐晓云　夏少颜

《中国旅游景区发展报告（2016）》
编辑部

主　编：战冬梅

副主编：肖建勇

成　员：何鹏宇　王莺莺　王景盼　陈　刚　杨宏浩　杨彦锋

　　　　何琼峰　吴丽云　苏　娜　赵子鹤

从港中旅神话到迪士尼童话

——《中国旅游景区发展报告（2016）》序言

四十多年前，在淮水之滨的乡下，日子确如木心先生所言，过得慢。马，车，邮件都慢。只是那时年纪小，尚没有"一生只够爱一人"这样读过书，经历半世沧桑才可能有的领悟。倒是觉得如果不用去学堂，天色晚了，娘也不会来催着吃饭，就这么与小伙伴在田边村头的空地上把玻璃球一直弹下去，该是多好。现在想来，这么一项没有队服、没有球场、更没有啦啦队的"运动"之所以能够成为几代人共同的记忆，除了简单易学，场地和道具简单易寻，每个孩子都能够玩得起之外，更重要的是我们不知道这个世界上还有迪士尼和海昌海洋公园，就是知道，也玩儿不起啊！

小学毕业的那年，考上了全县最好的中学。开学前，娘让堂兄带着我去了一趟十五公里外的城市蚌埠，去市中心的大塘公园玩玩。那是我第一次与旅游事业有了亲密接触，印象最深刻的是那个旋转木马，城里的小朋友们骑在上面，起起伏伏地转着，开开心心地笑着，直接完爆了我的玻璃球运动。可是骑一次要两角钱，那可是大人半天的工分啊！结果只好一步三回头地离开了，至今想起来心里都是满满的创伤。而今也是做了父亲的人，最喜欢陪女儿去游乐园了，旋转木马仍在，还有小飞象、旋转杯、海盗船，更有过山车、跳楼机等极具动感的项目，和我小时候一样，还是有那么多小孩子在排队等着玩。五年前去香港迪士尼的时候，女儿乐此不疲地与维尼小熊、白雪公主们合影。看着她满满幸福的眼神，就在想，等自己尽了公职以后，就去创办个乐园吧，帮助每个小女孩实现她们心中的公主梦想。

不像我们成年人，孩子们的快乐会很单纯，往往不会涉及太多的宏大叙事，就是营造一个心中的世界，然后在里面无忧无虑地玩耍。主题公园的本意正是为了孩子这种玩性的释放提供相应的场所、设施、项目和服务，这也是为什么每逢节假日孩子就吵着要去公园尤其是游乐园的原因。根据IAAPA（国际游乐园及景点协会）的调查，主题公园游玩的主体人群是2~18岁的孩子和他们的家长。也就是说，主题公园面向的游客是以家庭为单位，以孩子的需求为主导，由多年龄段组成的游客群体。当然也不排除以同学聚会、朋友联谊、恋爱约会等目的组织起来的游客。尽管游客的成分复杂，但服务的重点仍然是孩子，追求的核心价值始终是"快乐"。明白这一点才不至于使我们的"主题"脱离市场太远，出现见物不见人，更看不到未来的情况。

不得不承认，时代变化得太快了，快到远远超出你我的预期，而日益丰富的物质生活和多元的价值取向让父母教育孩子时不必再唠叨"穷人家的孩子早当家""吃得苦中苦，方为人上人"或者"宝剑锋从磨砺出，梅花香自苦寒来"之类的金玉良言了。除了少数的虎妈狼爸外，越来越多的家庭愿意看到孩子们回归到最原始、最本真的状态去寻找快乐。比如，每个男孩都有一个英雄梦，每个女孩都有个公主梦，都希望能够成为受人瞩目的中心。这就是男孩女孩对快乐最原始的诉求，或许这是天性使然，又或许这是其获得安全感的一种方式。那么中国有多少想成为公主的2~18岁的女孩呢？1.6亿。加上另一半想成为王子的男孩子，主题公园面对的中国市场至少有3亿人的潜在客源。按人均每个季度进园一次计算，就是一个超过十亿人次的巨大商机。别忘了，这些孩子的后面还有父母辈甚至祖父母辈的大人呢，所以说这是一个几乎没有天花板的市场。国际游乐园及景点协会预测，2025年，中国主题公园的接待量将达到3.2亿人次。从历史经验和发展趋势看，这个预测可能还是相当保守的。

回顾我国主题公园的发展历程，不乏成功的案例，也有投资或经营失误的遗憾。对于这些案例，只有放长历史的眼光，才会发现在消费迭代和时代变迁的面前，任何伟大的商业公司和战略格局都会不由自主地谦卑起来。

20世纪80年代中后期的西游记宫，以西游记为题材，运用了机械加声光电的技术再现了电视剧中的很多场景。现在看这些装置很简单，当时这可是了不得啊！那时我们看露天电影，《地道战》《地雷战》放映后，小孩子要去银幕后找子弹壳的。西游记宫中，现成的神话人物就在我们的面前，不仅可以动，配上声光电，还有对白，简直跟真的一样。老百姓哪见过这东西，于是争先恐后地去看哪。1989年，华侨城和港中旅集团在深圳投资的锦绣中华成功开业，搞微缩景观，给很少有机会来内地的港澳同胞和海外华人看。1亿元的投资，一年多一点就收回了。1994年两家公司在深圳再次合作推出"世界之窗"，又一次成就了主题公园的商业传奇。现在想来，上述案例的成功是与当时的时代背景密不可分的。20世纪90年代初，中国的旅游接待体系还是以服务外国游客为主，国内游还没有发展起来，老百姓在国内出个差顺便旅旅游，都是甚乎隆重的事情。如果有人有机会出趟国，在家庭、在单位、在社区，那简直是可以上头条的事情了。既然不能看真的，看看模型总可以吧。从本质上说，那个时代主题公园的成功主要可以归因于成年人休闲需求的补偿和旅游需求的替代，与世界主流的主题公园的范式不是一回事儿。现在呢？时代变了，2014年，中国出境人次已突破一个亿，成了全球最大的旅游客源国。外面的世界不再是幻想，而是说走就走的旅行。有真的，谁还看假的呀！后来的一些模仿者，包括北京的世界公园，就没有成功。不是模仿者不努力，是他们没有跟上需求、市场和时代变化的步伐。

20世纪90年代主题公园热是随着《三国演义》《水浒传》《红楼梦》等影视剧的热播而开发的影视基地，如无锡的三国城、水浒城等。20世纪90年代中后期，国内旅游已经开始发展起来了，除了看山看水听故事以外，游客还希望能够参与到休闲项目中去，也就是成年人的游乐需求激发出来了。那时文化娱乐方式少，当时的电视台才有几个呀，好的电视剧也屈指可数，很容易形成现象级的热点，等于为项目做了铺天盖地的广告推广与市场预热。更重要的是，当时市场还没有被分化。每个人，包括老人小孩，都收看着几乎同样的节目，谈论的是同样的话题。可以说，这个阶段的主题公园是被规模化发展的市场需求强行推上去的。现在的影视娱乐不同了，除了电视剧，还有各种真人秀，《超级女声》《快乐男声》《非诚勿扰》《爸爸去哪儿》《中国好声音》《最强大脑》《蒙面歌王》，层出不穷，市场被分化和稀释了。娱乐取向多元化和消费需求多样化的结果，就是快速增长的影视基地类主题公园吃不饱了。

进入新的世纪，号称互联网原住民的八零后一代开始成长起来。他们既要努力地工作，也要好好地享受时代进步的成果，追求属于自己的幸福生活。在主题公园领域，欢乐谷做了创新与升级，长隆野生动物世界、海昌海洋公园、横店影视城、万达梦工厂，加上迪士尼乐园、环球影城、六旗（Six Flags）、泰迪熊博物馆、Hello Kitty等大大小小的引进项目，还有大黄鸭、小黄人之类的阶段性热点产品，我国的主题公园进入创意驱动、科技支撑、多元发展的新阶段。这些高举娱乐、休闲大旗的创意产品，充分满足了青少年群体参与和体验的生活需求。需要说明的是，主题公园特别是具体项目的创意创新并不都是复杂得不得了的事情，那些温暖了一代又一代少儿心灵的项目，比如海豚表演及亲近互动，总是会引起孩子们一阵又一阵的尖叫。因为简单，因为触手可及，更因为抚慰了永恒的人性，所以历经时光的雕琢而不失其市场的魅力和商业上的成就。

在资本、科技和文化创意的全面驱动，特别是在国民休闲和大众旅游市场的推动下，主题公园建设正在迎来一个全新的发展机遇期。据全球咨询集团AECOM的数据，2020年中国将有64个主题公园建成运营，远远超过美国及日本在建和拟建的数量。这意味着，中国将成为各大主题公园品牌的主战场，将面临着来自全球的成熟品牌和创设品牌的激烈挑战。我们需要知己，更需要知彼。

那些成功的主题公园总是紧跟着时代发展和消费需求的变化，以时尚的思维和先进的科技为全人类特别是少年儿童制造欢乐和梦想。大白、芭比娃娃、小黄人……这些虚拟的人物为何会赢得不分种族、阶层、年龄、性别的世界各国人民的喜爱呢？因为它们呆萌、可爱、漂亮、炫酷，总之是少年儿童骨子里喜欢的东西，是任何时代都无法改变的人性。再加上强大的媒体传播力，想不红都难。当然，仅有萌的创意是不够的,我们还必须重视商业理性对主题公园品牌成长的逻辑支撑。客户的需求现状是什么?未来可能的变化是什么?除了乐园,还有哪些项目和服务是能够满足其需求的?对这些问题的回答可不是我们喊几句"超越迪士尼""打造环球影城升级版",再来几次头脑风暴就能够实现的。以市场推广为例,分销渠道的长与短、宽与窄,以及不同环节、不同时间节点上的销售配额和价格政策的确定,就需要数十人的专业团队干半年的了。每次与这些专业团队接触的时候,我都能够直接地感受到规范和专业所带来的冲击。顺便说一下,2013年我国主题公园的市场总量是1.8亿入园人次,而迪士尼的数字是1.33亿入园人次。到了这个量级的市场规模,不可能只靠经验和简单的模仿就可以推动产业升级。

感性的创意也好,理性的商业也罢,都需要与当代科技相结合,那些最炫的游戏项目往往是以最先进的科技为支撑的。过山车、跳楼机、3D实景等体验类项目,其高度、速度、旋转角度、先进路线的设计与优化,背后都有科技团队的长期研发和反复测试作基础。一些公司的研发中心甚至会拥有机械、电子、建筑、结构等领域的专利技术。这些技术的背后则是投资者和运作团队对绝对安全和体验品质的神圣追求,再加上工匠般的自信与耐心。如同打造一件完美的乐器,从选材、测量、模块化制造,再到组装、调试和定律,每一步都需要足够的精确和细致,才能发出完美无瑕的声音。作为关乎男孩女孩幸福与梦想的事业,主题公园对工匠理性的要求更加苛刻,还要有艺术家的敏感性和审美趣味。有感性的投入才能设计出孩子们喜欢的卡通形象和故事情节,有审美的意识才能唤起孩子对美的感知,才能激发他们体验和参与的热情。等到投入市场,并为游客接受,还要为乐园的各色人物和动物赋予生命的色彩并加以尽心尽力的维护。

迪士尼王燕副总裁曾经给我说过一个真实的故事。某企业家的女儿非常喜欢维尼熊,他想在女儿的生日Party上把小熊请来,给她个惊喜。公司先是派来演出管理团队到现场考察,规划小熊维尼的表演节目单。再派来一组人了解女孩为什么喜欢小熊维尼,什么时候开始喜欢的,都喜欢哪些方面等信息,以便做个性化的方案设计。如是三番,然后,就没有然后了。因为最后到场的环评人员出具的评价意见说现场不符合小熊维尼的生活环境，可能会让它不开心。我们不必嘲笑公司的认死理——就是一只虚拟的卡通小熊，至于这样认真吗？不，在孩子的眼里，这些拟人化的动物就是真实存在的，就像圣诞老人会在圣诞节的晚上送来礼物一样。对美好的相信是孩子们认知世界的开始，孩子们的世界里是没有真实和表演之区别的，作为成年人应尽最大的努力去保护他们美丽的梦想。

我希望看到主题公园的投资，特别是选址方面更多地以商业理性，而非玄乎其神的策划为导向。相对于近处的风景和自有的资源，我更看重远方的市场和他人的感受。但主题公园建设要有基本的市场存量，特别是要有本地人的休闲消费作保证，不能什么都寄托于外来的游客消费。作为一项系统工程的主题公园，从一开始就需要包括工程、技术、文创、投资、市场等多种软硬资源和要素的投入。

我希望看到主题公园的员工是有价值、有尊严，更有快乐的。只有员工发自内心地热爱他的工作，从中获得快乐，才能将快乐传递给游客。快乐员工的背后是行政当局对员工薪酬、福利、晋升、工作指导和文化培育等的制度设计。在权利距离（Power Distance）较大的社会里，我们无法让一个内心不认同，也不快乐的员工去为客人提供真正高品质的娱乐服务。

我希望看到越来越多的主题公园能够俯下身来，多看看孩子渴望的眼神，多倾听他们纯净的声音，为他们创造更多的快乐和梦想。不必一开始就盯着一个伟大的目标和复杂的系统去，给他们一匹可以旋转的木马，一个可以成为小伙伴的胡巴就好啦。须知，简单的温暖最有可能打动人心。我永远不会忘记女儿看海豚的目光，纯净而温暖，充满着对这个世界无尽的向往与热爱。

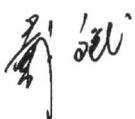

中国旅游研究院院长、教授、博士生导师

目 录
CONTENTS

第一章 景区现状趋势与发展战略 ·· 1
　一、现状趋势 ··· 2
　二、发展战略 ··· 9

第二章 景区投资分析 ·· 15
　一、景区经营管理主要动态 ··· 16
　二、5A级景区增量分析 ·· 20
　三、景区投融资渠道分析 ··· 25
　四、景区类上市公司投资分析 ··· 26

第三章 景区经营绩效与财务分析 ·· 43
　一、行业绩效评价 ··· 44
　二、企业绩效评价 ··· 46
　三、企业经营指标评价 ··· 49
　四、企业经营指标的区域性差异 ······································· 54

第四章 景区消费需求与服务质量评价 ·· 59
　一、景区游客的特征和消费偏好 ······································· 60
　二、游客对景区的服务质量评价 ······································· 70

第五章	景区相关政策法规及影响	75
	一、政策环境	76
	二、产业动态	82

第六章	景区新业态及案例研究	91
	一、开放式景区	92
	二、旅游综合体	97
	三、文化创意产品开发	108
	四、衍生业态	112

第一章
景区现状趋势与发展战略

2015年是国家"十二五"的收官之年,同时也是"515战略"实施的开局之年,对我国旅游业的发展来说至关重要,甚至可以说是里程碑式的一年。在景区发展方面,我们总结出以下几个方面的变化:第一,在发展理念上,开放已经成为景区发展的普遍共识,全域旅游的发展模式风生水起;第二,在市场方面,亲子游、研学游、康养游以及冰雪旅游、避暑旅游和花卉游等市场的崛起给景区发展注入新动力;第三,在产业要素方面,创意、技术和资本推动景区发展从资源依托型转向创新依托型;第四,在服务质量上,景区秩序治理水平得到有效提升,内部管理不断加强,外部监管开始发力;第五,在发展机遇上,国土资源部、住房和城乡建设部及国家旅游局联合颁布《关于支持旅游业发展用地政策的意见》,推动旅游用地的规范化和制度化发展,而国家旅游度假区的重启与全域旅游时代的到来也给景区发展带来更多前景。

一、现状趋势

(一)开放已经成为景区发展的普遍共识

经过35年的发展,我国传统旅游业的发展模式正在发生根本性的转变,以前封闭的旅游体系开始渐次打开,反映在景区发展理念上,就是门票经济开始越来越多地受到社会的广泛质疑,纯粹依靠圈山圈水的时代已经过去。2015年10月,中共十八届五中全会强调,实现"十三五"时期发展目标,破解发展难题,厚植发展优势,必须牢固树立创新、协调、绿色、开放和共享的发展理念。实际上,"开放"自1978年以来一直是我国经济发展的基本理念。唯有开放,景区的发展才能够实现可持续发展。十多年前,杭州西湖率先在全国开放,已经取得了十分广泛的社会效益和经济效益。近年来,许多历史文化街区和乡村旅游的景区景点越来越多地采用开放的方式来发展。在历史文化街区中,开发比较成功的如北京的南锣鼓巷、上海的新天地、成都的宽窄巷子、福州的三坊七巷等。在乡村旅游中,陕西咸阳的袁家村和马嵬驿以及四川成都的黄龙溪古镇和街子古镇等均采取免费开放的发展模式,取得了巨大的成功,每年的旅游人次均超过百万,每年的旅游综合收入也都逾亿元,成为全国乡村旅游发展的典型代表。此外,一些传统文物类景区也在努力扩大自己的开放空间,譬如故宫博物院在2015年不但举办石渠宝笈特展,展出包括《清明上河图》在内的300多件传世珍贵书画藏品,而且还不断地开放游览参观面积,包括寿康宫、东华门城楼、午门雁翅楼等都成为新的开放区域,未来还将进一步开放慈宁宫、慈宁花园、乾隆花园等风景名胜。可以说,开放是新时期旅游业发展的一个显著特点,也只有开放,才能满足新时期旅游业发展的新需求。实际上,当旅游成为一种异地生活方式时,最重要的旅游体验未必在封闭的景区之内,而更多的是在开放的街区和主客共享的公共空间之中。2016年初,国家旅游局正是基于对新时期旅游业这一特点的正确判断,正式提出了全域旅游的概念,并在全国范围内掀起了创建全域旅游示范区的高潮。

(二)新市场、新业态的崛起为景区发展注入新动力

近年来,旅游市场正在发生剧烈的变化,传统的旅游市场日益萎缩,新的市场不断崛起,譬如亲子游、冰雪游、避暑游等特种旅游市场潜力巨大,正在日益成为市场追逐的热点。2013年,一档《爸爸去哪儿》的亲子真人秀节目,逐渐培育起了一个巨大的亲子游市场。现在各大旅游网站纷纷设计并推出亲子主题游产品,旅游网站驴妈妈还打造了"驴悦亲子"的品牌,其他旅游网站也纷纷推出亲子频道。到2015年上半年,亲子游持续升温,进入快速发展期。据相关机构的数据,2015年的亲子游市场已经达到114.7亿元,未来还将呈现快速增长的态势。亲子游市场的崛起也给景区发展增添了活力,除长隆公园、海昌极地海洋世界、方特欢乐世界等直接做亲子游项目的企业业绩获得爆发式增长外,动物园、博物馆、科技馆等传统景区也获得了巨大收益。此外,由于2022年冬奥会将在北京和张家口举办这一历史机遇的作用，2015年冰雪旅游市场也开始爆发式增长。除哈尔滨等传统冰雪城市外，近年来，内蒙古、新疆、吉林、辽宁、河北，甚至河南、四川等中西部省份也开始大力进军冰雪旅游，北京周边的滑雪场数量已经达到了两位数。冰雪旅游的火爆不但带动了相关产业的发展，而且也给景区尤其是山地景区的发展带来了活力，有效弥补了淡旺季的差异。避暑游同样如此，夏日的烧烤模式推动人们前往长春、昆明、西宁等避暑城市，同时也推动人们来到长白山、九寨沟、北戴河等避暑类景区，甚至是许多地方的水上乐园呈现出"下饺子"的火爆场景。除亲子游、冰雪游、避暑游等市场外，研学游、花卉游、康养游等市场也日趋活跃，成为景区发展的重要支撑。

一方面是新市场的崛起，另一方面则是围绕景区的衍生业态的兴起。随着开放成为景区发展的常态，景区依靠衍生业态进行二次或多次消费成为重要的利润来源。从早期旅游景区的实景演出到现在自驾车露营地，从早期的简单加工的土特产品到现在的文化创意产品，从早期简陋的农家乐到现在的精品主题民宿，从早期单一的观光旅游到现在的综合休闲旅游，景区在35年的发展历程中，逐渐从依靠"二老"资源的模式中走了出来，开创了一条多产业融合发展的道路。目前，围绕景区的衍生业态已经成为我国旅游经济发展的重要支撑，而且有效推动了乡村旅游产品的升级，成为造福一方的重要产业。有数据显示，故宫博物院2015年上半年的文创产品销售额已经达到7亿元，利润近8000万元。可以说，在新的历史时期，故宫博物院正在从一个单一的文物保护展出单位变成一个中国文化产品输出的高地。

（三）产业要素推动景区深度融合

新时期旅游业的驱动要素已经从单一的资源驱动过渡到创意、技术和资本综合驱动的阶段。现在创意不但体现在旅游商品和旅游纪念品的设计上，而且已经成为景区开发的主要生产要素，形成了一种具有迥异风格的景区类型，即创意类景区。譬如北京最早的创意类景区是798艺术街区，其前身为北京国营电子工业老厂，即798厂。2003年，798艺术街区被美国《时代》周刊评为全球最有文化标志性的22个城市艺术中心之一，越来越多的人开始到访798艺术街区，这其中既包括瑞典、瑞士、德国、奥地利、比利时、法国和欧盟的政要，当然也要包括众多的普通游客。2015年10月，有着30多年历史的北京第二热电厂老厂区正式宣告转型，将在保留天宁寺厂区建筑原有风貌的基础上，通过整体改造布局，逐步将老"二热"工业遗址打造成为综合性文化创意产业园区，预计2016年5月改造完成。全国类似的创意类景区还有很多，譬如山西大同北魏398文化创意园区、上海M50莫干山路创意园、北京尚8创意产业园、成都东区音乐公园、青岛创意100产业园、上海德必文化创意产业园、台北华山创意文化园、洛阳里外文化创意产业园、开封960文化创意园区等。从大量的产业实践来看，生态条件一般而文化资源丰厚的城市必须走一条文化创意的路子来发展旅游业。文化创意与非物质文化遗产的有效融合既可以实现保护遗产的目的，也可以带动旅游等相关产业的发展。譬如景德镇的陶瓷旅游将非物质文化遗产复活，让游客参与其中，而且设计出许多富有时代气息的创意产品，有效推动了相关产业的发展。

近年来，线上线下的融合已经成为不争的事实，智慧景区建设也如火如荼。2015年9月，国家旅游局发布了《国家旅游局关于实施"旅游+互联网"行动计划的通知》提出，到2018年，推动全国所有5A级景区建设成为智慧旅游景区。到2020年，推动全国所有4A级景区实现免费Wi-Fi、智能导游、电子讲解、在线预订、信息推送等功能全覆盖。实际上，在国家旅游局政策颁布之前，已经有许多地方政府出台相关文件，要求在3A级以上景区甚至包括交通枢纽实施Wi-Fi全覆盖。譬如早在2011年底，北京就已经开始在西单、王府井等九个重点区域开始实施Wi-Fi全覆盖，而且从2012年，游客就可以在故宫、奥林匹克公园等100多个重点景区使用手机微信自助导游系统，从游客查询景区的特点和功能，到出发前预订景区门票，再到进入景区后查询游览线路、收听导游讲解，到最后对景区的"吐槽""好评"，这个手机微信自助导游系统均能实现。2015年的"十一"黄金周，"互联网+龙门"智慧景区项目完成上线以来的首次大考：共接待游客28.27万人次，同比增长10.5%。黄金周期间34 999单门票使用微信方式支付，占总购票人数的20.32%，而且实现3秒入园的快速服务以及智能语音导游服务。对于民营旅游企业来说，互联网化已经成为现实的推动力。譬如万达主题娱乐景区内全面覆盖 Wi-Fi，游客可随时随地接入互联网，而且万达主题娱乐景区已全面实现订票互联网化，针对 PC 端、移动端等不同入口，分别开发了定制化的订票平台。在网络分销渠道方面，不仅针对主流 OTA 在线旅游预订平台实现票务系统无缝对接，也为传统线下分销渠道开发了在线分销平台。万达还利用自主研发的慧云智能化管理系统，远程监控管理万达主题娱乐景区内设备运行及运营情况，并通过系统总结分析，让管理更趋科学。此外，万达通过开发客流监控、餐饮零售、资产管理、排班考勤等系统，对景区内部管理实现了全面互联网化。与此同时，腾讯、同程、景域等互联网公司正在与地方政府建立紧密合作，推动"互联网＋"在城市尤其是景区内的落地。新时期的旅游业，在技术的驱动下，已经逐步从劳动密集型服务业走向技术密集型服务业。

此外，这一年资本对景区的投资热度不减，而且热情更加高涨。据国家旅游局的统计显示，2015 年旅游业直接投资达 10 072 亿元人民币，同比增长 42%。增幅甚至高于全国固定资产投资和第三产业投资增速。其中民营企业投资超过 5700 亿元，占比达 57%，西部地区旅游投资增速也在加快。在全国旅游投资项目中，比重最大的仍然是景区投资，尤其是旅游度假区、特色商业街区、旅游小镇等的投资体量较大。与此同时，继机票和酒店等标准化产品之后，景区和目的地资源整合也成为市场追逐的一个热点，因此景区面临更多的投融资渠道，譬如海外上市、A 股上市、创业板、中小板、新三板等，也包括私募 PE、众筹等模式。2015 年，以景区或景区衍生业态为主营的公司纷纷在新三板挂牌上市，譬如票管家、景域文化、来也股份、莲花山等。在上海股权托管中心正式挂牌的河南莲花山旅游开发有限公司是中国漂流景区第一股，公司成立于 2012 年，主要从事旅游资源整合、旅游景点和旅游地产的开发。2015 年初，河南省莲花山旅游开发有限公司携手河南卧龙谷旅游股份有限公司，打造出了全新的豫西山水画廊卧龙谷，并全权托管了该景区的营运；同年正式开业的莲花山山地度假项目——国内首家双码头双河道的莲花山双溪漂流，一经问世即引来社会各界的热切关注和强烈反响。在地方政府的推动下，景区挂牌新三板的速度将会不断加快。

（四）景区秩序治理水平得到明显提升

"515"战略实施一年以来，景区内的不文明行为、旅游秩序和基础设施得到明显改善，尤其是在厕所革命的推动下，景区内的基础设施配套工程建设实现阶段性胜利，旅游环境也得到明显改善。与此同时，各个景区也针对各自不同情况有效发声，对不文明游客和不文明行为说"不"。譬如2015年3月25日，中国国家博物馆在官网上发出《关于禁止使用自拍器等摄影附加设备的公告》，明确规定：为保护展品安全，维护参观秩序和参观环境，即日起在本馆内禁止使用自拍器、三脚架等摄影附加设备。2015年10月15日，为改变景区内导游扩音讲解混乱嘈杂的局面，营造安静有序的景区环境和参观氛围，切实保障团队及其他游客的观览质量，曲阜文物局和曲阜市旅游局联合发布了《关于三孔景区禁用扩音器材进行导游和讲解服务的公告》，公告称：自10月15日起，各旅行社的导游服务和旅游景区的讲解服务，应当采用语音导览器或其他非扩音的方式，导游员、讲解员不得携带手持小喇叭、麦克风等扩音器材进入三孔景区。曲阜市文物局、曲阜市旅游局将对继续携带、使用扩音设备的导游员及时进行劝阻和制止。三孔景区、各旅行社将结合自身工作实际，逐步配备国际通行的无线团队非扩音讲解设施，不断提升景区旅游服务水平。可以说，景区能够主动结合自身情况，有针对性地提出对游客和导游的规范与要求，有效维护景区的秩序和服务质量，应该值得大大地点赞。此外，在对游客的微观服务方面，还有地方提出在3A级以上景区实现Wi-Fi全覆盖的计划，可以说这一项服务也非常贴心，深得游客欢迎。

在景区内部秩序提升的基础上，国家旅游行政管理部门的行业监管力度也不断加强。尤其是对A级特别是5A级景区实行的动态管理，更是起到了有效的震慑作用。在2015年全国旅游工作会议的报告中，国家旅游局李金早局长明确提出要建立健全服务等级的"退出制度"。同年10月9日，国家旅游局正式宣布取消山海关景区5A级资质，山海关景区也成为我国首家被摘牌的5A级景区。与此同时，丽江古城、西溪湿地、佛山西樵山景区、明十三陵景区等6家5A级景区被严重警告。此外，内蒙古自治区锡林郭勒盟多伦湖景区、重庆巫溪大宁河生态文化长廊景区、江苏常州亚细亚影城和新疆盐湖城景区等4家旅游景区被取消4A级景区资质。可以说，国家旅游局对景区整治的重拳出击，打破3A级评定"终身制"的坚冰，尤其是首家5A级景区被摘牌，符合业界期待。许多专家学者在接受记者采访时均对此举表示支持，认为这一措施将"激活"景区动态化管理和A级景区退出机制，对游客体验、规范市场秩序等大有益处。在国家旅游局的工作部署下，地方旅游局也展开了新一轮的景区监管工作。河南省旅游局依照相关规定，对全省所有5A级景区和部分4A级景区进行暗访检查，并针对检查中存在的突出问题做出决定：对平顶山市中原大佛景区（5A）、焦作市神农山景区（5A）、信阳市鸡公山景区（4A）、济源市五龙口景区（4A）、商丘市古城景区（4A）、漯河市南街村（4A）等6家景区给予通报批评，并限期3个月整改；对洛阳龙马负图寺景区（3A）给予降低A级处理，降为2A级旅游景区，给予3个月时间整改；对洛阳市花果山景区（3A）、濮阳市世锦园景区（3A）、焦作市穆家寨景区（3A）、南阳市西峡云华蝙蝠洞景区（3A）、商丘市微子祠景区（3A）、鹤壁市康乐村（2A）等6家A级景区取消资质。河南省旅游局还表示，他们还通过委派专家暗访的方式进行常态化监管，对景区进行检查，严格景区管理，督促景区始终坚持以游客为本的服务理念。可以说，在2015年，旅游行政主管部门对景区的监管力度得到了空前加强，一方面是等级服务退出机制的真正落实，另一方面是对景区门票价格上涨的抑制，都取得了一定的效果，有效保障了景区的可持续健康发展。

（五）景区发展迎来新机遇

首先，是旅游用地政策获得极大突破。2015年11月，国土资源部、住房和城乡建设部及国家旅游局联合发布了《关于支持旅游业发展用地政策的意见》（以下简称《意见》）。《意见》明确要求积极保障旅游业发展用地供应，而且对新业态尤其是乡村旅游、自驾车和房车营地旅游、邮轮和游艇旅游、文化和研学旅游等发展提供更加明确的用地政策，同时要求加强旅游业用地的服务监管工作。可以说，这一文件的出台和实施，将对景区发展起到重要的推动作用，一些景区类投资项目也会因此而真正落地，同时也保障了投资景区的市场预期。

其次，国家旅游局正式启动了国家级旅游度假区的创建工作，并且正式公布了首批 17 家国家级旅游度假区的名单，即吉林省长白山旅游度假区、江苏省汤山温泉旅游度假区、江苏省天目湖旅游度假区、江苏省阳澄湖半岛旅游度假区、浙江省东钱湖旅游度假区、浙江省太湖旅游度假区、浙江省湘湖旅游度假区、山东省凤凰岛旅游度假区、山东省海阳旅游度假区、河南省尧山温泉旅游度假区、湖北省武当太极湖旅游度假区、湖南省灰汤温泉旅游度假区、广东省东部华侨城旅游度假区、重庆市仙女山旅游度假区、四川省邛海旅游度假区、云南省阳宗海旅游度假区、云南省西双版纳旅游度假区。国家级旅游度假区与 5A 级景区分别代表了中国旅游度假产品和观光产品的最高等级，旅游行业又多了一块体现品质产品、品质设施和品质服务的金字招牌。未来一段时期内，创建国家级旅游度假区会使景区迎来一个更好的发展机遇。

最后，景区在全域旅游时代迎来更好发展前景。全域旅游的发展模式不是不要景区，而是要让景区在城市发展中的作用更加突出，带动能力更强，覆盖范围更广，整合能力更高，成为一个地区发展的引领性产业。譬如浙江省桐乡市围绕"一业驱动四化"，着力推进旅游业与新型农业化、新型工业化、新型城镇化和服务业现代化融合互动发展，取得了显著成效。乌镇作为一个景区的作用得到最大程度挖掘，有效带动了整个旅游目的地的发展，推动了地方经济的转型。

二、发展战略

2016 年是"十三五"开局之年，也是"515 战略"持续攻坚的关键之年。李克强总理在年初的《政府工作报告》中明确提出："要落实带薪休假制度，加强旅游交通、景区景点、自驾车营地等设施建设，规范旅游市场秩序，迎接正在兴起的大众旅游时代。"旅游成为新时期人们关注的重要产业。这一年，经国务院同意，"十三五"旅游业发展规划正式纳入国家重点专项规划，由国家旅游局牵头，国家发展改革委、财政部、国土资源部、环境保护部、交通运输部、农业部、林业局和扶贫办等部门共同参与编制。"十三五"旅游业发展规划上升为国家重点专项规划，充分体现了党中央和国务院对旅游业发展的高度重视，是对旅游业界的极大激励。随着整个国家旅游业的发展变化，2016年，景区将面临更多的机遇和挑战。

（一）进一步改善景区发展环境

首先，执法力量不断加强。自2015年海南三亚和桂林挂牌成立国内首支旅游警察队伍以来，2016年越来越多的旅游目的地尤其是全域旅游示范区创建省市县纷纷着手推进旅游警察建设工作。尤其是云南省提出在全省范围内建立旅游警察队伍。2016年2月5日，丽江成立云南省首个旅游警察支队。随后，瑞丽、腾冲、大理、昆明、西双版纳、迪庆等地旅游警察支队也挂牌成立。此外，湖南张家界、山东枣庄、河南栾川、河北秦皇岛等地的旅游警察队伍也相继挂牌。海南省万宁市更是创新性地将法院旅游巡回法庭、工商局旅游市场管理分局、公安局旅游警察大队、旅游质量监督管理所4个单位结合在一起成立旅游综合执法指挥调度中心，在国内首创"1+3"旅游综合管理和综合执法工作模式。

其次，旅游综合协调能力不断加强。据不完全统计，海南、北京、云南、江西、广西、西藏、贵州、湖北、四川、宁夏、河北、黑龙江、山东、辽宁和甘肃等地相继成立省级旅游发展委员会。许多地级市更是加快了旅游体制改革步伐，成立相应机构，不断扩展综合协调职能。全国旅游行政系统的综合协调职能得到极大跃升，与其他政府组成部门的联动执法更加有效。

最后，政策引导更加有力。国家级旅游度假区、全域旅游示范区、全国旅游业改革创新先行区、国家康养旅游示范基地、国家蓝色旅游示范基地、国家人文旅游示范基地、国家绿色旅游示范基地、国家中医药健康养生旅游示范基地等国家级旅游发展的金字招牌陆续建立，为促进新一轮旅游业改革发展带来新的历史机遇。尤其是全域旅游示范区建设将在三年内推出600余个县市，使全国旅游面貌发生根本性变化，再加上持续的厕所革命、基础设施配套建设以及旅游投融资渠道的扩展，我国旅游业将在未来获得更加良好的政策支持。面临全域旅游发展的机遇，景区应该利用自身优势,将先进经验转化到全域旅游的创建当中,推动旅游目的地从单一景区模式向全域旅游发展模式的转变。

(二) 将景区作为贯彻五大发展理念的典型产业

五大发展理念是新时期党中央和国务院对未来一段时期经济发展所确立的一项基本方针。对旅游业来讲,创新是发展的新动力,协调是发展的内在要求,绿色是发展的基础,开放是发展的必然选择,共享是发展的最终目的。就景区来说,也概莫能外。2016年旅游景区的创新力度将更强,产品的迭代更加剧烈。据相关报道显示,长隆海洋王国在开业之初就创造了五项吉尼斯纪录:最大的水族馆、最大的水族箱、最大的亚克力板、最大的水族馆展示窗、最大的水底观景穹顶等。在协调理念上,以景区为代表的资源端碎片化最为严重,需要通过有效的商业模式整合分散于各个部门中的资源,实现旅游业与其他产业的协调发展;在绿色理念上,景区必须保护好自己的生态资源,创造优良的旅游环境,并且率先在社会上提倡绿色旅游、生态旅游、可持续旅游、低碳旅游和善行旅游等旅游形式,培育游客良好的旅游习惯;在开放理念上,应该进一步降低门票价格,拓展新业态和新动力,加强与其他产业的深度融合;在共享理念上,应该既考虑外地游客,同时也要考虑本地居民,打造两者兼顾的旅游景区,实现主客共享发展。

(三) 加强景区的供给侧改革

近年来,旅游业的发展方式发生了重大变化,新的旅游需求层出不穷,旅游市场也是千变万化,但是旅游供给侧改革滞后,大量旅游项目重复建设,许多落后的旅游项目仍在上马,满足消费者需求的项目却难以寻觅。

从吸引游客的市场角度看,要加大一般性景区的景观价值、提升和改善服务设施,创新、创造新的参与性项目,增加其核心吸引力,吸引游客的关注和消费,这样既可以缓解核心知名景区的接待压力,又能带动一般性景区的良性发展。针对资源价值不高、核心吸引物提升困难的景区,应积极放开门票管制,向区域市民和游客开放,成为城市配套的城市公园和城市居民的休闲娱乐场所,以改善城市人居环境,融入新型城镇化进程。在未来的景区评定过程中,应在坚持A级景区评定的同时，根据景区资源特点和游客消费趋势，从观光、休闲、度假不同角度，从工业、农业、水利、林业等不同类型上细分创建标准和层次，丰富景区类型，以改善景区结构，满足游客需求。

（四）注重景区IP开发和高科技投入

在2015年，IP已经成为一个热词，可以预见的是2016年将是中国旅游景区IP元年，真正的景区IP将会落地运作。IP官方直译为：知识产权（Intellectual Property）。在旅游景区行业的IP可以是内容，可以是文化，可以是卖点，可以是吸引游客的元素。IP能够仅凭自身的吸引力，挣脱单一平台的束缚，在多个平台上获得流量。世界上旅游景区做IP做得最好的是迪士尼，迪士尼将自己的IP广泛应用到影视、主题公园、酒店、玩具、电子游戏、图书等各种业态上，赚取了丰厚的利润，而且迪士尼不断投入更多的财力物力来进行更新和迭代，所以又被称为永远建不完的迪士尼乐园。国内也有部分主题公园开始按照IP的思维来打造自己的旅游产品，譬如方特主题公园和华强数字动漫同为深圳华强集团旗下的著名品牌，而《熊出没》正是华强数字动漫的作品，因此在方特主题公园中，到处都能看到"熊出没"的元素。常州龙控集团以"塑造卡通明星，传播内容品牌；多层次的主题乐园全国连锁；强化衍生商品，渗透日常消费"为目标，强化动漫文化创意投资，创造主题式动漫品牌"恐龙宝贝"，并通过打造恐龙园的动漫发行体系和商品经营体系将动漫品牌逐步商品化；海昌集团旗下大连发现王国主题公园，通过投拍3D动画片《发现王国》，打造著名卡通人物——男生"酷乐"和女生"酷啦咪"，变入园游客简单地追求感官刺激的消费为复合型的情感消费，引领国内主题公园业发展的新业态，通过培养忠实消费者进行品牌扩张，带动图书、音像制品和主题纪念品的开发销售，延伸"快乐"产业链。

此外，我们还要关注最新的科技应用，譬如虚拟现实（VR）。虚拟现实（VR）技术是典型的度假科技，通过这种高新技术，游客的度假体验得到极大的延展和深化。据河南开封清明上河园景区总经理周旭东介绍，清明上河园景区三期的开发将大量引入高科技虚拟体验项目，通过与国际国内高科技公司合作，打造基于清明上河园的虚拟现实（VR）项目，适应新一代旅游体验需求，尤其是针对亲子游市场推出一系列由文创和科技共同驱动的文化旅游项目，推动清明上河园产品的迭代升级。

（五）更加凸显产品思维

近年来，随着线上和线下的融合，OTA对景区资源端的抢夺日趋激烈，景区门票已然成为OTA激烈争夺一个重要战场，尤其是1元门票等销售模式的出现，使景区资源端的话语权控制权逐渐转移到线上渠道商手中，景区面临着更多的不确定性和挑战。与此相反，预计2016年6月开园的上海迪士尼却牢牢掌握着门票的发售权和话语权，各大OTA以取得代售资格为荣。从实际门票销售情况来看，上海迪士尼引起了市场的抢购，民众购票热情高涨。上海迪士尼的出现，搅动了我国旅游企业的神经，使旅游企业开始重新思考自己所提供的产品。作为地大物博、历史悠久的国度，我国的旅游产业主要是以老天爷留下的自然资源和老祖宗留下的文化资源为依托成长起来的，其产品的垄断性和稀缺性不可谓不高，然而长期以来，却造成了我们创造性和创新型旅游产品的缺乏。上海迪士尼的出现不得不让我们重新审视一下我国旅游产品开发中存在的问题，以及现在所面临的困境。"二老"资源作为公共资源在社会舆论的影响下不得不回归自己的本位，而市场化的旅游景区开发正日趋占据主流，因此就不得不通过产品的迭代升级来满足市场的需求，产品思维在景区发展中的作用更加凸显。

第二章
景区投资分析

一、景区经营管理主要动态

(一) 互联网+景区

以互联网为代表的全球新一轮科技革命正在深刻改变着世界经济发展和人们的生产生活,对全球旅游业发展正带来全新变革。随着国家旅游局"旅游+互联网"行动计划的启动,旅游与互联网的深度融合发展已经成为不可阻挡的时代潮流。

旅游景区在特定的时间和地点每年接待大量的人群,随着景区与互联网的深入融合,景区将成为重要的互联网流量入口和主题场景。当前旅游资源端互联网渗透率远低于游客端,互联网+旅游景区发展将引领景区新一轮革命。

2015年12月,新华网与国家旅游局信息中心共同成立"中国互联网+旅游景区大数据应用联盟"。联盟以大数据应用为主线,探索"十三五"期间新型旅游服务模式,积极推进产业转型和服务升级。联盟将为景区提供基于数据后台的处理分析和运营支撑,以及全媒体的运营能力,真正实现景区和用户之间的联动,实现景区建设和运营全周期的管理。同时,联盟还将为景区所在地政府提供旅游目的地发展情况,为游客提供安全上网流量和个性化景区导游咨询服务,有效支持旅游大数据市场化应用的相关尝试,打造互联网+旅游景区的全游程交互式用户体验。

"互联网+景区"是一个必然趋势,是旅游业和互联网二者共生的需求,传统旅游业的转型升级需要加入一些智慧型手段,而互联网也需要借助旅游业实现虚拟到现实的转变。作为一个没有边界的产业,旅游业对互联网来讲是一个新的增长点。

早在2012年，国家就确定了首批18个智慧旅游试点城市，不过工作一直进展缓慢。在2015年8月出台的《关于进一步促进旅游投资和消费的若干意见》明确提出，到2020年，全国4A级以上景区和智慧乡村旅游试点单位实现免费Wi-Fi（无线局域网）、智能导游、电子讲解、在线预订、信息推送等功能全覆盖，在全国打造1万家智慧景区和智慧旅游乡村。如今，越来越多的景区开始"触网"，纷纷推出微信公众号、免费APP等，直接与市民游客"对话"，不仅有效地提高了景区的经营管理效率，更重要的是很好地提升了旅行体验。

（1）以"互联网＋景区"为核心，推动互联网与传统旅游产业的融合，能有效提升景区管理运营效率和景区对游客的服务质量。通过旅游智慧化将食、住、行、游、购、娱连在一起，构成了一个新的旅游消费业态。在大众旅游时代，传统景区服务没有办法很精细地去照顾每一个游客，而互联网概念可以把很多服务前置化，让游客提前享受景区服务。

相关数据显示，目前，90%的出游游客通过网络和手机客户端进行相关数据搜索，50%以上的游客通过在线及手机客户端正式预订旅游产品，越来越多的消费者开始体验到互联网带来的便捷。如今，消费者在很多景区只需要打开手机、动动手指、购票、景区导航、语音讲解……原先各种排队、问路、找导游的烦琐都能通过互联网解决。比如，黄鹤楼的APP，首页包括景区信息、门票、语音导游、地图、酒店等服务项目。游客可以和黄鹤楼随时"互动"：进入景区后，不论是登上黄鹤楼，还是进入"搁笔楼"，在景区内任何一个景点，黄鹤楼APP可借助卫星定位系统，自动提醒收听所到景点的解说。除了这些一般的移动互联网功能之外，黄鹤楼APP还推出了远程停车功能。游客通过APP的停车引导系统，可直接获取景区以及停车场的情况，可提前设置路线，快速找到停车位。

（2）对于景区而言，系统化有针对性的服务不仅便于景区精细化管理，也可以发挥旅游资源的集群优势。"互联网＋景区"将景区、商贸、旅游服务公司等链条纵向连接，有效降低了公司的经营管理成本。

互联网技术的应用不只提高了旅游服务和旅游资源的推广效能，也提升了旅游业自身的管理水平。如，很多景区通过与互联网公司合作，开发了多套管理系统。通过门禁、监控系统，可以掌握景区客流量、车流量，甚至掌握人流、车流的来源方向、逗留时间、淡旺季，这些数据都能为今后的旅游管理提供数据支持。

同时，在旅游景点周边的酒店、农家乐、旅行社同样有管理系统，可以实时显示酒店、农家乐分布情况，掌握旅行团成团人数、热门路线等。

互联网提高旅游管理效率的同时，也在改变旅游部门的工作方式，如：很多传统旅游企业开始利用微信进行通知、签到，实现了无纸化办公；也可以通过微信进行传播，提供最新的旅游资讯信息。

（3）景区通过搭建"互联网+"的平台，围绕景区加大衣食住行产品的推广，"深挖"旅游资源，开发更加吸引游客的衍生产品，从根本上改善当前景区对门票过度依赖的现状。2014年，故宫累计开发6700多种文创产品。故宫博物院还计划用3年时间，初步搭建一个以故宫博物院官方网站为核心和主入口，由网站群、APP应用、多媒体数据资源等各种信息构成，线上、线下互通互联的一站式聚合平台，为观众提供便捷、全面的博物馆数字资讯，以及具有在线讨论、分享、沟通等功能的"数字社区服务"。

随着大数据和云计算等业务逐渐融入智慧景区服务之中，依托于庞大的景区数据，智慧景区所提供的大数据分析服务能更有效地从景区运营管理、景区服务质量、景区游客需求等多个维度，帮助景区抓取核心问题，大幅提升景区在市场中的竞争能力。

（二）旅游景区供给侧改革

在2015年11月10日召开的中央财经领导小组第十一次会议上，习近平总书记提出了"供给侧结构性改革"的概念。此后，"供给侧"改革成为年度热词，引发旅游业热烈讨论。毫无疑问，旅游企业是旅游"供给侧改革"的中坚力量。

近年来，每逢节假日，几乎都成了国人出境的"血拼季"。"爆买"的背后，并非中国人"不差钱""土豪"，而是追求性价比。"世界那么大，我想去看看"固然是富起来的中国人纷纷走出国门的原因之一，但制造这种局面的深度根源，在于国内旅游产品供给严重不足。对于那些想花钱获得更好体验的游客而言，相对低端的国内旅游市场显然无法满足他们的需求，转向国外也是理性的消费选择。反观入境游，虽然总体上人数比出境多，但主要都是看景不是消费。国内旅游商品的低廉和同质化，导致了入境游的人均花费较少。当国外旅游市场针对中国游客不断提升服务水平和进行供给升级的时候，国内旅游市场却陷于景区涨价、宰客等负面泥潭里出不来。景区企业要打破这种困境，关键在于增加旅游产品供给，要改变"圈山圈水卖门票""坐地生财"的粗放模式，服务要更加专业化、产品如景区纪念品要更加特色化、市场分类要更加精细化。从供给侧发力，着力解开供给严重不足的关键症结，是传统景区发展突围的路径，也是新常态下转型升级的必然选择。

目前国内景区供给结构失衡的问题十分严重。一方面，知名景区人满为患，供不应求，不得不推出最大承载量管理和门票预约制度；另一方面，一些一般性景区经营惨淡，资源闲置。

根据国内居民出游意愿调查结果显示，休闲度假超过观光、增长见识成为第一大出游目的。旅游度假领域，人们的旅游体验最差，因此也是"供给侧改革"红利最大的领域。与之相应，景区企业发力度假领域。

旅游企业是旅游"供给侧改革"的中坚力量。在供给侧改革具体操作路径上，同程旅游通过对企业产品转型升级和技术创新推动供给侧改革。

近年来，曾靠"一元钱游景区"模式杀出OTA生存血路的同程旅游，也开始发力旅游度假领域。2016年成为同程旅游的出境旅游年，重点发力休闲游的"非标品"（除酒店、机票等标准化产品外的旅游产品）——出境游市场，在每个出境目的地均会推出性价比较高的品质游产品，满足游客的出游品质需求。

同程旅游这一做法也正是顺应了旅游"供给侧改革"的方向。"同程旅游将'服务+口碑'作为2016年的重点战略，运用大数据、CRM技术，建立起了完善的营销渠道，完善线上OTA和线下旅行社融合的O2O闭环，也给游客提供更为精准、贴心的服务。"

不难看出，同程旅游将旅游业"供给侧改革"的重点放到了产品转型升级和技术创新上面。同程CEO吴志祥认为，随着国民旅游需求从观光到休闲的转变，休闲旅游的产品升级及丰富度决定了是否能够让游客从移动观光转移到休闲停留，是否能够更好满足不断升级的休闲旅游质量需求，"技术创新也是旅游行业进行供给侧改革的重要内容。OTA天然具有'互联网+'属性，通过将互联网技术应用于更多的旅游消费场景，如支付方式、虚拟现实等的技术应用，旅游和其他产业（如医疗、教育、文化、娱乐）的跨界融合，能够使游客的旅游体验得到极大的延展和深化。"

我国旅游业已经步入黄金发展期、结构调整期和矛盾凸显期，只有不断提升服务质量，开发新模式，开创新业态，满足多样化、多层次旅游消费需求，才能全面提升旅游业竞争力，助推产业结构性改革。

二、5A级景区增量分析

（一）2015年新增5A景区

依照中华人民共和国国家标准《旅游景区质量等级的划分与评定》与《旅游景区质量等级管理办法》，经有关省、自治区、直辖市旅游景区质量等级评定机构推荐，全国旅游资源规划开发质量评定委员会组织评定，以下29家景区达到国家5A级旅游景区标准的要求，批准为国家5A级旅游景区。

2015年新增5A景区分别是：山西省晋中市平遥古城景区、辽宁省本溪市本溪水洞景区、吉林省长春市长影世纪城旅游区、黑龙江省漠河北极村旅游区、浙江省湖州市南浔古镇景区、福建省福州市三坊七巷景区、湖北省恩施州恩施大峡谷景区、湖南省郴州市东江湖旅游区、甘肃省敦煌鸣沙山月牙泉景区、海南省保亭县槟榔谷黎苗文化旅游区、四川省广元市剑门蜀道剑门关旅游区、贵州省黔南州荔波樟江景区、宁夏回族自治区银川市灵武水洞沟旅游区、江西省瑞金市共和国摇篮旅游区、新疆维吾尔自治区喀什地区喀什噶尔老城景区、河北省唐山市清东陵景区、河北省邯郸市娲皇宫景区、吉林省敦化市六鼎山文化旅游区、江苏省淮安市周恩来故里旅游景区、江苏省盐城市大丰中华麋鹿园景区、浙江省台州市天台山景区、浙江省台州市神仙居景区、安徽省合肥市三河古镇景区、福建省龙岩市古田旅游区、河南省驻马店市嵖岈山旅游景区、江西省宜春市明月山旅游区、重庆市江津四面山景区、广东省阳江市海陵岛大角湾海上丝路旅游区、陕西省商洛市金丝峡景区等。

此次升格为国家5A级旅游景区的景点中，山西平遥古城、江西瑞金共和国摇篮景区、福建三坊七巷景区等景点都受到社会广泛关注。作为29家景区中主打红色旅游主题的景区，江西瑞金共和国摇篮景区成为赣州市第1个5A级景区，江西全省5A级旅游景区数量也将达到8个。瑞金市共和国摇篮景区占地面积4550余亩，由叶坪、红井、"二苏大"会议旧址、中华苏维埃纪念园四大景区组成。2015年上半年，瑞金市接待国内外游客246.5万人次，同比增长27.9%，实现旅游收入7.6亿元，同比增长30.7%。

而福建三坊七巷景区升格为国家5A级旅游景区后，实现了福州市5A级景区零的突破，福建全省5A级旅游景区也将达到9个。分别是厦门鼓浪屿、武夷山、福建省土楼（永定、南靖景区）、泰宁风景旅游区、宁德白水洋－鸳鸯溪旅游区、泉州清源山景区、宁德太姥山景区以及本次获批的三坊七巷景区和龙岩市古田旅游区。

具体区域和景区如表2-1所示。

表2-1 2015年新增5A景区

区域	省份	新增5A景区
东部	福建省	福州市三坊七巷景区
		龙岩市古田旅游区
	广东省	阳江市海陵岛大角湾海上丝路旅游区
	海南省	保亭县槟榔谷黎苗文化旅游区
	河北省	邯郸市娲皇宫景区
		唐山市清东陵景区

续表

区域	省份	新增5A景区
东部	黑龙江省	漠河北极村旅游区
	吉林省	敦化市六鼎山文化旅游区
		长春市长影世纪城旅游区
	江苏省	淮安市周恩来故里旅游景区
		盐城市大丰中华麋鹿园景区
	辽宁省	本溪市本溪水洞景区
	浙江省	湖州市南浔古镇景区
		台州市神仙居景区
		台州市天台山景区
西部	甘肃省	敦煌鸣沙山月牙泉景区
	贵州省	黔南州荔波樟江景区
	宁夏回族自治区	银川市灵武水洞沟旅游区
	四川省	广元市剑门蜀道剑门关旅游区
	新疆维吾尔自治区	喀什地区喀什噶尔老城景区
	重庆市	江津四面山景区
中部	安徽省	合肥市三河古镇景区
	河南省	驻马店市嵖岈山旅游景区
	湖北省	恩施州恩施大峡谷景区
	湖南省	郴州市东江湖旅游区
	江西省	瑞金市共和国摇篮旅游区
		宜春市明月山旅游区
	山西省	晋中市平遥古城景区
	陕西省	商洛市金丝峡景区

（二）2015年各省自治区直辖市5A景区增量

相较于2014年，2015年各省自治区直辖市5A景区增量变化见表2-2。

表 2－2　2013—2015 年 5A 景区增量对比

省（自治区、直辖市）	2013 年	2014 年	2015 年	新增量
江苏省	17	18	20	2
浙江省	11	11	14	3
广东省	9	11	12	1
河南省	9	10	11	1
山东省	9	10	10	0
湖北省	8	9	10	1
新疆维吾尔自治区	7	9	10	1
四川省	9	9	10	1
福建省	7	7	9	2
安徽省	7	8	9	1
江西省	6	6	8	2
湖南省	6	7	8	1
北京市	7	7	7	0
河北省	5	5	7	2
陕西省	5	6	7	1
重庆市	6	6	7	1
山西省	4	5	6	1
云南省	6	6	6	0
海南省	4	4	5	1
吉林省	3	3	5	2
黑龙江省	4	4	5	1
辽宁省	3	3	4	1

续表

省（自治区、直辖市）	2013 年	2014 年	2015 年	新增量
甘肃省	3	3	4	1
宁夏回族自治区	3	3	4	1
贵州省	3	3	4	1
广西壮族自治区	3	4	4	0
上海市	3	3	3	0
天津市	2	2	2	0
青海省	2	2	2	0
内蒙古自治区	2	2	2	0
西藏自治区	2	2	2	0
合计	175	188	217	29

（三）2015 年东中西部 5A 景区增量分析

根据东中西部的区域划分，相较于 2014 年，2015 年东中西部新增 5A 景区 29 家，其中，东部新增 15 家，西部新增 6 家，中部新增 8 家。

由表 2-3、图 2-1 可以看出：东部 5A 景区数量最多，基数最大，中西部 5A 景区数量基本相差不大。

表 2-3 东中西部 5A 景区数量

区域	2013 年	2014 年	2015 年
东部	87	92	107
西部	43	45	51
中部	45	51	59
总计	175	188	217

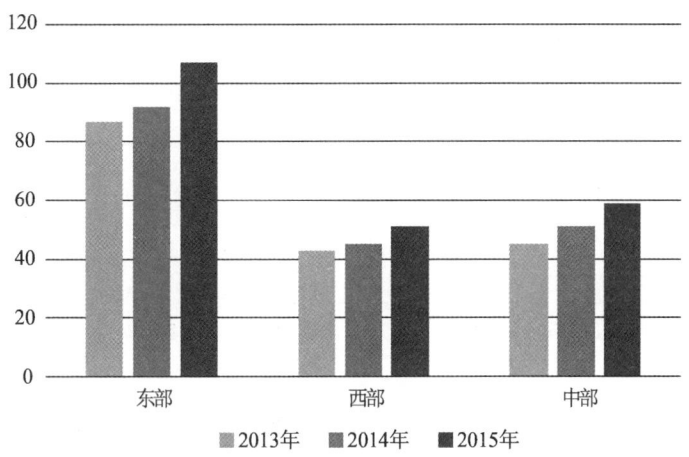

图2-1　东中西5A景区数量增长对比图

三、景区投融资渠道分析

继机票和酒店等标准化旅游产品之后，景区和目的地资源整合未来将是市场追逐的一个热点，也因此景区将有更多的投融资渠道可供选择，譬如海外上市、A股上市、创业板、中小板、新三板、私募PE、众筹等模式。其中，新三板市场挂牌门槛低、交易方式灵活，是旅游行业中小公司进入资本市场的一条良好渠道，尤其是对资源型景区来说比较适合，景典传媒、景域文化、来也股份等景区衍生业态都已经上市，票管家、清明上河园、链景等也在积极筹备（见表2-4）。

表2-4　2015年景区行业投融资盘点

代码	名称	主营业务	转让形式	总股本	市盈率	挂牌日期	省（区、市）	主办券商	股东人数
835260	票管家	在线旅游、景区整合营销服务	协议转让	500万	暂无	2015/12/30	上海市	国金证券	6
835188	景域文化	线上业务旅游电商，线下业务旅游规划、营销和景区运营	协议转让	9000万	暂无	2015/12/21	上海市	华泰证券	29

续表

代码	名称	主营业务	转让形式	总股本	市盈率	挂牌日期	省（区、市）	主办券商	股东人数
834697	道旅	海外酒店的客房销售	协议转让	350万	暂无	2015/12/17	广东省	兴业证券	7
833935	明游天下	出境游服务	协议转让	2280万	暂无			东北证券	41
233158	马上游	智慧旅游平台项目	做市转让	1000万	暂无	2015/8/26	江苏省	海通证券	13
832461	西域旅游	新疆旅游资源开发	协议转让	9125万	暂无	2015/4/30	新疆维吾尔自治区	国金证券	3
831633	那然生命	风景区经营/酒店经营/旅行社	协议转让	18000万	暂无	2015/1/7	浙江省	华西证券	30
831408	大美游轮	长江水上游轮	协议转让	6700万	104	2014/12/9	重庆市	国泰证券	8
831320	驰骋国旅	会展、团队游	做市转让	4461万	暂无	2014/11/10	上海市	宏源证券	21
830944	景尚旅业	旅行社业务、机票、旅游区业务	做市转让	6550万	49	2014/8/11	江苏省	西部证券	129
830812	约伴传媒	旅游服务业及广告业务	协议转让	1600万	暂无	2014/6/20	辽宁省	国都证券	9

四、景区类上市公司投资分析

（一）发展状况

国内上市的旅游企业业态包括景区景点、宾馆酒店、旅行社几大类，其中景区景点企业占到23%。2015年景区行业15家A股上市公司，2015年营业收入达112.19亿元；净利润达19.88亿元。其中，宋城演艺2015年营业收入达16.95亿元，位居行业第一；黄山旅游和云南旅游分别以16.65亿和14.27亿，列第二三位。

净利润排名：2015年景区行业15家上市公司全部盈利。其中，宋城演艺年净利润6.45亿,位居行业第一;黄山旅游和丽江旅游分别以3.12亿和2.49亿列第二三位(见表2-5)。

表2-5 2015年景区行业15家A股上市公司营业收入及净利润

名称	营业收入(亿元)	增长率(%)	净利润(亿元)	增长率(%)
宋城演艺	16.9451398	81.2084	6.454450846	76.9687
黄山旅游	16.64622272	11.7264	3.122236014	40.7304
云南旅游	14.26497461	51.5171	1.08051297	40.6912
峨眉山A	10.65500332	7.2295	1.909387766	1.5533
曲江文旅	9.893654764	-8.5806	0.469902665	75.6520
丽江旅游	7.860122098	5.8240	2.485828554	3.4305
西安旅游	7.604027424	8.8061	0.086047008	141.3438
张家界	6.74880018	39.4353	1.143370975	90.4276
桂林旅游	4.999962111	-49.5654	0.15930497	-45.0225
三特索道	4.286406759	10.9608	0.625435795	341.1329
北部湾旅	3.644407645	10.8257	0.713868477	37.4893
长白山	3.185297549	8.7504	1.005558916	26.1761
大连圣亚	3.052802353	5.2242	0.464682087	19.1999
西藏旅游	1.520484688	-4.9802	0.032409696	109.3727
国旅联合	0.883266911	-0.2611	0.128893306	107.7766

1. 景区类上市企业所有权结构

所有权结构方面,从控股股东来看,我国景区类上市企业以政府主导型为主。15家A股上市企业中,宋城演艺、丽江旅游、张家界、桂林旅游、大连圣亚、西藏旅游等持股比例较2014年基本没有变化,黄山旅游、峨眉山A较2014年有所下降,云南旅游控股比例较去年上升(见表2-6)。

表2-6 景区类上市企业所有权结构

企业名称	控股股东	控股比例	控股股东性质	实际控制人及性质
宋城演艺	杭州宋城集团控股有限公司	32.08%	非国有法人	黄巧灵（民营）
黄山旅游	黄山旅游集团有限公司	39.69%	国有法人	黄山风景区管委会（国有）
云南旅游	云南世博旅游控股集团有限公司	49.52%	国有法人	云南省国资委（国有）
峨眉山A	四川省峨眉山乐山大佛旅游集团总公司	32.59%	国有法人	峨眉山-乐山大佛景区管委会（国有）
曲江文旅	西安曲江新区管理委员会	99.9%	国有法人	西安曲江新区管理委员会（国有）
丽江旅游	丽江市玉龙雪山景区投资管理有限公司	15.73%	国有法人	丽江玉龙雪山省级旅游开发区管委会（国有）
西安旅游	西安旅游集团有限责任公司	28.26%	国有法人	西安市国资委（国有）
张家界	张家界市经济发展投资集团有限公司	30.02%	国有法人	张家界市人民政府国有资产监督管理委员会（国有）
桂林旅游	桂林旅游发展总公司	23.06%	国有法人	桂林市人民政府（国有）
三特索道	武汉当代科技产业集团股份有限公司	15.07%	非国有法人	艾路明（民营）
北部湾旅游	新奥能源供应链有限公司	56.40%	非国有法人	王玉锁（民营）
长白山	吉林省长白山开发建设（集团）有限责任公司	59.45%	国有法人	长白山管委会（国有）
大连圣亚	大连星海湾金融商务区投资管理股份有限公司	24.03%	国有法人	星海湾管理中心（国有）
西藏旅游	国风集团有限公司	16.10%	非国有法人	欧阳旭（民营）
国旅联合	厦门当代资产管理有限公司	17.03%	非国有法人	厦门当代资产管理有限公司（民营）

2. 景区类上市企业主营业务

2015年，15家景区类上市企业主营业务较2014年基本无变化（见表2-7）。

2015年宋城演艺营业收入实现81%的增长率，稳居行业第一，市场地位和竞争能力得到进一步提升，公司除千古情系列观演人数超预期增长，还围绕"积极打造宋城生态，全面拥抱互联网"的战略目标，成功完成六间房并购，实现中国演艺产业"互联网+"的历史性突破。公司开始基于现场娱乐、互联网娱乐和旅游休闲三大平台进行全方位的资源整合、投资布局、协同发展，开启打造宋城生态的元年之旅。

表2-7 景区类上市企业主营业务

公司名称	旅行社	景区/门票	酒店/餐饮	交通运输	房地产	房屋租赁	旅游演艺	策略性投资	旅游景区策划	业务类型数量
张家界	○	○	○	○		○		○		6
峨眉山A	○	○	○	○				○		5
桂林旅游		○	○	○				○		4
丽江旅游			○	○			○			3
云南旅游	○	○	○	○	○			○		6
三特索道	○	○	○	○				○		5
宋城演艺		○					○	○		3
黄山旅游		○	○	○	○					4
大连圣亚		○			○			○		4
西藏旅游	○	○	○					○		4
长白山		○		○				○		4
曲江文旅	○	○	○	○	○		○		○	8
西安旅游	○	○	○		○	○		○		6
北部湾旅游	○	○		○						3
国旅联合		○	○							2

3. 景区类上市企业规模

按照一般的分类标准，企业规模达15 000万元以上的为大型企业，3000万元到15 000万元为中型企业，3000万元以下的则为小型企业。如表2-8所示，我国景区类上市企业中，大连圣亚企业规模最小，为6.4238亿元，但也为大型企业，因此，我国景区类上市企业全部为大型企业。

表2-8 景区类上市企业规模

企业名称	2015年（亿元）	2014年（亿元）	本年比上年增减（%）
宋城演艺	69.8703	38.4235	81.84
云南旅游	40.4053	38.7487	4.28
黄山旅游	40.3671	34.3170	17.63
桂林旅游	28.5723	30.6693	-6.84
丽江旅游	27.3970	26.1313	4.84
峨眉山A	24.6851	22.0512	11.94
三特索道	22.3830	20.9069	7.06
西藏旅游	18.5331	13.3651	38.67
曲江文旅	17.3255	17.4214	-0.55
西安旅游	11.5699	5.7662	100.65
北部湾旅游	9.2667	6.1232	51.34
长白山	9.0542	8.3504	8.43
张家界	8.7280	6.8474	27.46
国旅联合	7.3238	7.3134	0.14
大连圣亚	6.4238	6.7592	-4.96

（二）财务分析

旅游景区上市公司主要是提供服务的企业，在分析各个企业报表选取指标时综合考虑了旅游行业特点及近几年旅游景区上市公司的发展状况。旅游景区上市公司近年来规模不断扩大，市场竞争非常激烈，所以分析财务指标时应比较全面地考虑。在偿债能力方面，短期偿债能力主要考虑流动比率、速动比率，长期偿债能力主要考虑资产负债率。旅游景区上市公司贷款额比较大，需要大量资金周转，银行贷款制度非常严格，越来越要求偿债能力指标。旅游景区上市公司的资本流通比较快，所以选取流动比率；考虑到企业的变现能力所以选择速动比率；资产负债率是贷款时重点考虑的指标，所以予以选取并加以分析。这些既考虑了旅游景区上市公司的短期偿债能力也考虑了公司的长期偿债能力。运营效率指标用来衡量公司在资产管理方面的效率，反映了企业经营管理、利用资金的能力。由于旅游景区上市公司的快速发展，同时也带来了公司之间的竞争，国外优秀的管理方法进入我国，给国内的企业带来了先进管理模式。作为旅游企业，应收账款周转率、固定资产周转率都必须加以强调，它们决定企业经营状况；而流动资产周转率、总资产周转率是分析公司运营状况的主要财务指标。盈利能力重点分析总资产收益率、净资产收益率以及每股收益。由于市场竞争激烈，因而选取利润率、收益率，与行业均值进行比较，评价企业经营状况。尽管旅游景区上市公司对已有旅游资源加以利用，从而进入了旅游业，但同时也大量购置了资产，所以考虑净资产收益率、总资产利润率，进而分析资产收益情况。由于旅游景区上市公司快速发展，判断旅游景区上市公司增长情况主要从总资产增长率、净利润增长率方面来分析。因此，选取的财务分析指标体系包括四个方面：盈利能力指标、营运能力指标、偿债能力指标、发展能力指标。

1. 景区类上市旅游企业经营状况

从营业收入增长状况来看，2015年景区类上市公司与2014年上市类旅游企业的平均水平相差较大，而且营业收入增长率较不稳定；具体到各个企业，营业收入增长率则表现出较大差异，如宋城演艺的增长率超过了80%，云南旅游超过50%，张家界增长率达到了39%，而桂林旅游为-49%。从净利润增长状况来看，整体表现较好，其中三特索道净利润增长率高达341.13%，西藏旅游、西安旅游、国旅联净利润增长率也超过了90%，表现出强劲的增长势头，只有桂林旅游净利润处于负增长的水平，而且亏损较为严重（见表2-9）。营业收入的变动情况大体上与净利润的变动情况是一致的，但是西藏旅游、曲江文旅、国旅联合却出现了营业收入增长率下降、净利润增长率上升的情况，这与每个企业的经营成本、营业外支出、所得税水平有关。

与2014年比较，除宋城演艺、云南旅游、张家界和西安旅游营业收入增长率出现一定上升之外,其他景区类企业营业收入增长率均有不同程度的下降,宋城演艺的营业收入增长率上升幅度最大。与2014年相比,大部分企业的净利润率实现了增长。

表2-9 2015年和2014年景区类上市公司旅游企业经营状况

企业名称	营业收入增长率(%)		净利润增长率(%)	
	2015年	2014年	2015年	2014年
宋城演艺	81.2084	37.7800	76.9687	18.12
桂林旅游	-49.5654	123.13	-45.0225	33.49
云南旅游	51.5171	34.09	40.6912	7.55
峨眉山A	7.2295	23.83	1.5533	24.25
黄山旅游	11.7264	15.1300	40.7304	37.42
大连圣亚	5.2242	14.93	19.1999	-8.67
三特索道	10.9608	12.69	341.1329	-161.55
丽江旅游	5.8240	11.3300	3.4305	21.87
张家界	39.4353	-3.26	90.4276	14.56
西藏旅游	-4.9802	-4.17	109.3727	-85.71
曲江文旅	-8.5806	11.33	75.6520	22.5
西安旅游	8.8061	4.1500	141.3438	-343.42
北部湾旅①	10.8257	—	37.4893	—
长白山②	8.7504	—	26.1761	—
国旅联合	-0.2611	-25.31	107.7766	-1685.74

2. 景区类上市旅游企业盈利能力

净资产收益率又称权益净利率或净值报酬率,是企业一定时期内的利润总额与年度末股东权益之比,它是衡量投资者投入资本的获利能力与企业资本运营水平的

---

① 2015年3月26日上午9时30分,"北部湾旅"在上海证券交易所正式挂牌上市,故缺失2014年数据。
② 长白山旅游股份有限公司于2014年8月22日在上交所上市。

综合效益的基本指标。净资产收益率反映了自有资本的获利能力，表示每元净资产所获取的净利润。一般来说，净资产收益率越高越好，说明资本带来的利润越多，利用效果越好。如果净资产收益率高于银行利息率，则适当举债对投资者是有利的；反之，低于银行利率，则过多负债会影响投资者收益。净资产收益率反映企业所有者权益的投资报酬率，具有很强的综合性。

从净资产收益率来看，15家上市旅游景区2015年净资产收益率较2014年有所上升，但企业间差距较大，西藏旅游只有不到1%，而张家界在2015年曾达到20.86%的水平；再以销售利润率来看，最低的西安旅游不到2%，而最高的宋城演艺则高达48.69%。从总资产报酬率来看，各景区类上市旅游企业均得到一定的总资产收益，呈现较好态势。与2014年相比，15家旅游企业的盈利能力出现一定幅度的增长，其中三特索道增长幅度最大（见表2-10）。

表2-10 2015年和2014年景区类上市旅游企业盈利能力

年份	净资产收益率（%）		总资产报酬率（%）		销售利润率（%）		成本费用率（%）	
	2015	2014	2015	2014	2015	2014	2015	2014
宋城演艺	15.15	11.01	7.72	13.12	48.69	52.55	94.67	104.63
云南旅游	5.11	5.71	2.08	3.56	9.50	10.70	10.46	11.72
黄山旅游	11.76	9.86	6.08	9.27	26.00	20.61	34.86	26.34
桂林旅游	2.03	2.85	1.42	3.02	4.49	3.93	4.42	4.03
丽江旅游	9.96	10.30	6.07	12.75	38.34	38.05	61.93	60.48
峨眉山A	10.70	11.28	5.20	11.29	21.57	22.42	25.81	28.96
三特索道	4.59	-6.20	3.33	-1.38	22.32	1.07	24.37	1.08
西藏旅游	0.85	-5.21	0.89	0.79	4.35	-21.67	3.07	-18.35
曲江文旅	5.93	3.78	2.72	1.90	6.23	2.72	6.53	2.76
西安旅游	1.49	-4.66	0.86	-1.60	1.41	-2.81	1.33	-2.71
北部湾旅游	10.51	—	6.12	—	23.90	19.46	30.81	24.12
长白山	12.32	—	7.86	—	42.97	36.88	74.69	57.75

续表

年份	净资产收益率（%）		总资产报酬率（%）		销售利润率（%）		成本费用率（%）	
	2015	2014	2015	2014	2015	2014	2015	2014
张家界	20.86	13.05	10.71	6.71	23.47	17.43	30.55	21.22
国旅联合	4.21	-44.16	3.64	-7.73	36.84	-186.80	21.18	-66.55
大连圣亚	11.71	11.40	—	9.9	19.29	17.72	23.39	21.73

3. 景区类上市旅游企业营运能力

总资产周转率反映了企业主营业务收入与资产占用之间的关系，可用来分析企业全部资产的使用效率。通常，总资产周转率越高越好，反映企业全部资产营运能力越强，营运效率越高。如果这个比率较低，说明企业利用其资产经营的效率较差，会影响企业的获利管理，企业应该采取措施提高主营业务收入或处置资产，以提高总资产利用率。从各家景区类上市企业总资产周转率来看，2015年总资产周转率大多较2014年有所下降，说明旅游景区上市公司的总资产管理能力和管理水平需要进一步提高。

流动资产周转率反映企业流动资产的运营效率。在一定时期内，流动资产周转次数越多越好，表明以相同的流动资产在一定时期内产生的收入越多，流动资产的利用效果越好。流动资产管理的任何一个环节都会直接影响流动资产周转的变化。通常来说，这个指标越大，说明流动资产的利用效率越高，变现速度越快，流动资产的管理水平越高，流动资产的管理能力越强。

从表2-11可以看出，2015年旅游上市公司的流动资产周转率均未突破1，我国旅游景区上市公司的流动资产周转率较低，企业对流动资产的利用程度不高，也就是说我国旅游景区上市公司对流动资产的管理能力和管理水平有待提高。

应收账款周转率反映一定时期内企业应收账款的平均收回速度，即1年内应收账款的回收次数。应收账款是企业流动资产的一个重要项目。应收账款周转率是对流动资金周转率的补充说明，是衡量企业应收账款周转速度及管理效益的重要指标。

该指标越大，说明应收账款的利用效率越高，收现速度越快，应收账款的管理水平越高，应收账款的管理能力越强；反之，则相反。

宋城演艺、长白山、张家界的应收账款周转率较高，说明下游商家付款及时，应收账款回款较快；应收账款周转率较低的有桂林旅游、曲江文旅和云南旅游，说明这些企业资金多被供应商占用，或者供应商的议价能力较差，使得资金利用率较低。

与2014年相比，大多数企业在总资产周转率、流动资产周转率和应收账款周转率三个指标方面都有不同程度的下降。

表2-11 2015年和2014年景区类上市旅游企业营运能力

企业名称	总资产周转率		流动资产周转率		应收账款周转率	
	2015	2014	2015	2014	2015	2014
宋城演艺	0.119	0.260	0.231	0.810	159.995	192.880
云南旅游	0.027	0.310	0.023	0.550	2.090	3.970
黄山旅游	0.084	0.440	0.101	1.220	35.160	37.300
桂林旅游	0.005	0.340	0.012	1.290	1.776	4.580
丽江旅游	0.093	0.340	0.090	0.790	48.896	48.970
峨眉山A	0.082	0.380	0.127	1.130	53.146	53.410
三特索道	0.029	0.210	0.066	0.880	43.523	47.320
西藏旅游	0.002	0.120	0.004	0.810	9.415	4.250
曲江文旅	0.027	0.014	0.039	0.022	2.773	2.003
西安旅游	0.010	-0.034	0.009	-0.054	47.086	21.838
北部湾旅游	0.093	—	0.159	—	28.311	—
长白山	0.116	—	0.108	—	859.157	—
张家界	0.147	0.093	0.533	0.383	242.869	177.106
国旅联合	0.018	-0.186	0.043	-0.301	12.400	8.038
大连圣亚	0.070	0.410	0.169	1.710	134.803	124.220

4. 景区类上市旅游企业偿债能力

资产负债比率又称财务杠杆系数，该指标反映了企业总资产来源于债权人提供的资金的比重，以及企业资产对债权人权益的保障程度。在生产经营状况良好的情况下，还可以利用财务杠杆的正面作用，得到更多的经营利润。如果企业的经营状况不佳，不但企业资金实力不能保证债权的安全，财务杠杆还会发挥负面作用导致财务状况越加恶化。这一比率越小，表明企业的长期偿债能力越强。指标值以不高于70%为宜。如果资产负债率大于1，说明企业已经资不抵债，有濒临倒闭的危险。

2015年旅游景区上市公司资产负债率的行业平均值为33.22%，说明我国旅游景区上市公司总体上企业总资产来源于债权人提供的资金的比重很小，长期偿债能力很强。其中，宋城演艺、长白山2015年的资产负债率在20%以下，远远低于行业平均水平，保持了很强的长期偿债能力（见表2-12）。

流动资产与流动负债的比率，可反映在某一特定时点上企业账面流动资产能否清偿账面流动负债，即当企业账面的流动负债同时被要求清偿时企业账面流动资产所具有的短期偿债能力。由于企业账面流动负债不可能同时被要求清偿，因此企业实际的短期偿还能力毫无疑问要高于该指标所反映的短期偿债能力。一般来说，该指标越高，短期偿债能力越强；反之，越弱。

2014—2015年旅游景区上市公司该指标的行业平均值一直保持2.00以上的一个相对稳定的值。但是细观各个公司流动比率值，差距还是比较大的。反映出行业整体上的短期偿债能力还可以，但是行业内部各个公司的短期偿债能力还有待加强。其中，三特索道、桂林旅游、西藏旅游、张家界、国旅联合、大连圣亚流动比率值就远低于其他企业和行业平均值，而宋城演艺、峨眉山A、长白山、丽江旅游等公司的流动比率值超出行业平均值，其中以长白山的流动比率最高，超出了行业平均值很多。

表 2-12 2015 年和 2014 年景区类上市公司旅游企业偿债能力

	资产负债率		流动比率		长期资产适合率	
	2015	2014	2015	2014	2015	2014
宋城演艺	0.1822	0.0895	2.6271	3.1104	1.2052	1.2562
云南旅游	0.5001	0.5051	1.5409	1.4018	1.5200	1.3717
黄山旅游	0.2544	0.3442	1.8864	1.0996	1.4075	1.0490
桂林旅游	0.4386	0.4766	0.7205	0.7738	0.9123	0.9033
丽江旅游	0.2048	0.2178	6.4990	5.8207	1.9201	1.8513
峨眉山 A	0.2101	0.1809	2.6828	1.7191	1.3212	1.1826
三特索道	0.4634	0.4511	0.4643	0.7653	0.7593	0.8874
西藏旅游	0.6494	0.5213	0.8021	0.4936	0.8603	0.8799
曲江文旅	0.3531	0.4101	1.8882	1.0326	0.9020	0.7746
西安旅游	0.2807	0.2424	2.4451	1.2695	2.0914	1.0890
北部湾旅游	0.1669	0.2388	2.5669	1.2735	1.3520	1.0467
长白山	0.0503	0.0580	11.4065	11.2012	1.9333	2.2164
张家界	0.2978	0.2721	0.7206	0.6952	0.9274	0.9445
国旅联合	0.5695	0.5953	0.6126	0.6529	0.8284	0.8734
大连圣亚	0.3622	0.4271	0.9557	0.9515	0.9880	0.9863

5. 景区类上市旅游企业发展能力

资本积累率是指企业本年所有者权益增长额同年初所有者权益的比率。资本积累率表示企业当年资本的积累能力，是评价企业发展潜力的重要指标。从资本积累率来看，绝大多数企业的资本都是正向积累的，只是增加速度有所不同，但桂林旅游却出现了负向积累，这说明所有者权益存在一定程度的减少，又因为其总资产是持续增加的，使其负债增加较多。

总资产增长率反映了企业总资产规模的增长幅度。增长率为正数，说明企业本年度的资产规模获得增加；资产增长率为负数，则说明企业本年的资产规模减少；

资产增长率为 0，说明企业本年度的资产规模不增不减。2015 年，15 家旅游企业上市公司仅桂林旅游、曲江文旅、大连圣亚三家企业实现负增长，其余 12 家企业均实现了正增长，其中，西安旅游总资产增长率增长幅度高达 100%，整体的成长能力较强（见表 2-13）。

表 2-13 2015 年和 2014 年景区类上市旅游企业发展能力

	资本积累率		总资产增长率	
	2015	2014	2015	2014
宋城演艺	63.33%	9.81%	81.84%	11.19%
云南旅游	5.33%	1.37%	4.28%	13.62%
黄山旅游	33.72%	9.38%	17.63	2.28%
桂林旅游	-0.08%	2.89%	-6.84%	10.45%
丽江旅游	6.58%	90.01%	4.84%	47.14%
峨眉山 A	7.95%	10.56%	11.94%	14.17%
三特索道	4.66%	58.72%	7.06%	25.04%
西藏旅游	1.55%	-4.42%	38.67%	14.40%
曲江文旅	6.33%	3.52%	-0.55%	3.52%
西安旅游	90.50%	-5.76%	100.65%	-5.76%
北部湾旅游	65.63%	—	51.34%	—
长白山	9.32%	—	8.43%	—
张家界	22.97%	13.62%	27.46%	13.60%
国旅联合	6.53%	-35.90%	0.14%	-30.62%
大连圣亚	5.81%	12.09%	-4.96%	-8.36%

（三）资本时代旅游景区投融资特征

1. 民营资本成投资主力

数据显示，作为国民经济的战略性支柱产业，旅游业的关联产业超过 110 个，且近年来对相关产业贡献不断凸显：对住宿业的贡献率超过 90%，对民航和铁路客运业的贡献率超过 80%，对文化娱乐业的贡献率超过 50%，对餐饮和商业的贡献率超过 40%。

景区投资正由以前的政府投入为主，转向由政府主导下的民营资本和社会资本为主、政府投资和外商投资为辅的多元化投资格局、《中国旅游发展报告 2016》显示，2015 年民营资本投资旅游业占全部旅游投资的 56%，预计未来民营资本投资的热情会更加高涨，比重越来越高。传统房地产企业、矿产企业，如万达集团、兖矿集团等，开始介入景区投资；一大批实力雄厚的基金公司如中信产业基金、赛伯乐投资集团等开始布局旅游产业；继 5 亿美元大手笔投资途牛后，海航旅游也开始在全国范围内开展景区投资与收购。与此同时，PPP 模式开始突显效应，如福建省人民政府发布了《关于推广政府和社会资本合作（PPP）试点的指导意见》（闽政〔2014〕47 号），其中旅游占首批 PPP 试点项目投资总额的约 22%，项目多与当地旅游景区、生态环境等相结合。

2. 行业兼并重组热情高涨

在旅游市场景气指数上扬的同时，旅游行业也迎来兼并重组热潮。据《2015 年全国旅游业投资报告》，旅游集团正在加速整合，通过投资并购做大做强。如锦江集团 83 亿元战略投资铂涛酒店集团，成为国内第一大酒店集团。首旅集团 110 亿元收购如家酒店集团，一跃成为国内第二大酒店集团。宋城演艺 26 亿元并购六间房，实现线上、线下旅游演艺资源整合。

同时，国内旅游企业将投资目标指向境外，加快走出去步伐，在全球范围内进行产业布局。海航集团 4.5 亿美元投资巴西蓝色航空，成为蓝色航空单一最大股东。港中旅 4 亿英镑收购英国布莱顿酒店集团，锦江集团 13 亿欧元收购卢浮酒店集团，加速向全球化企业转型。在东方证券首席经济学家邵宇看来，在传统行业没有更多投资空间的情况下，各路资本都会去追逐更优质的资源。随着旅游业大众化、产业化特质的凸显，旅游产业自然会获得资本青睐。

中国旅游研究院院长戴斌预计：未来一年旅游市场的并购不但不会减少，反而会加大力度，旅游市场的集中度也会增强。未来五年中国酒店业、民航、旅行社等领域还将持续发生大规模并购,最终市场上将形成数个大型多元化企业集团,成为中国旅游业持续发展的有力支撑。

3. 产业投资规模化发展趋势

经营管理连锁化是做大做强、扩大产业影响力的重要战略方向。大型旅游投资企业正凭借其成熟的管理模式、雄厚的资金实力等优势抢占资源,形成连锁化的景区布局并率先抢占市场。如万达集团已经在长白山、武汉、西双版纳、合肥、南昌等地修建主题乐园和旅游度假区项目;华强方特在重庆、郑州、芜湖、泰安、株洲、青岛、沈阳、厦门等地投资建成十余个主题公园;宋城集团先后在杭州、三亚、丽江、九寨沟等地投资建成多个"千古情"系统主题公园和演艺节目;中青旅继投资乌镇景区后,又联合投资开发了古北水镇项目;中景信旅游投资开发有限公司先后投资开发河北涞源白石山、蔚县暖泉古镇、邯郸武安东太行、湖南通道万佛山、芋头侗寨等景区;东方园林继投资无锡田园东方、雅安碧峰峡后,近日又与北京信合大通投资管理中心和重庆市建群房地产开发有限公司联合签署重庆四面山开发建设经营合作备忘录,加快景区投资布局。

4. 新兴业态大量涌现

现代旅游业是现代服务业的重要组成部分。在产业创新融合的浪潮带动下,开始涌现了大量的旅游业新兴业态。在传统旅游业态的基础上,经过产业间不断演变、融合和创新形成的新兴业态逐渐成为现代旅游业的新动力。

我国旅游业正处于加快发展和转型升级的关键时期,投资需求大,热点领域多,从当前和今后一个时期我国旅游业发展趋势来看,以下几个方面将成为旅游投资的热点领域和未来投资的增长点。一是与现代农业相融合的乡村旅游产品开发;二是休闲度假产品建设;三是在线旅游产品开发和智慧旅游产品建设;四是文化旅游产品;五是体育旅游产品;六是医疗健康旅游和养生养老旅游产品;七是适应新型城镇化发展的旅游特色小镇和旅游文化城镇建设;八是与新型工业化相结合的大型旅游装备制造业;九是旅游商品和旅游户外休闲用品;十是旅游房车、自驾车营地建设。

（四）资本背景下对景区投资的建议

旅游投资从原来的低门槛逐渐发展到目前的中高门槛，这主要是由于消费升级、产品升级、进入性投资加大及竞争加剧造成的，预计未来旅游投资的门槛会进一步提高。同时旅游又是一个持续回报的长效投资产业。数额大、回收周期长的旅游投资特性对大规模、长期性开发性金融工具需求强烈。旅游投资包括大规模的环境整治和维护、旅游设施建设以及后期的运营和人才队伍建设，投资量是巨大的。而相对于一般工业项目，它产生的现金流量并不大。一般商业银行对现金流量比较关注，商业银行的贷款在旅游投资中的作用就受到限制。而开发性金融和引进各类基金由于资金成本相对较低，对于旅游投资这种前景好、收益稳定的投资比较合适。一些基金，如环保基金、养老基金等社会性资金，进入旅游业便于开发大型旅游资源，建设大型旅游项目，还有利于旅游产业回报社会，这种公众化运营也容易与资源所有者（政府）进行合作，方法也更灵活。从融资的角度看，培育一些有承贷能力和投资运营能力的现代旅游投资公司也是非常必要的。

ativa
第三章
景区经营绩效与财务分析

中国旅游行业正迎来"旅游+互联网""旅游供给侧改革"两大历史性机遇。"旅游+互联网"预计将产生3个1万亿红利,"旅游供给侧改革"是未来中国经济治理的重要思路并将给旅游业带来巨大红利。对于供给侧的景区企业,要讲求商业的内在运营逻辑,最大程度地解决消费者痛点,最大限度地整合现有资源。这些是决定景区企业未来发展的重要因素,也是影响景区经营绩效的关键。中国旅游研究院持续编制景气指数对景区绩效进行系统评价。总的来说,2015年前三季度景区指数逐步小幅上升,整体景气状况变动平稳,在一段时间内呈现小幅波动,全行业发展平稳向前推进。

一、行业绩效评价

各大景区在不同时段对行业景气度的预期呈小幅波动的趋势,2015年第四季度达到了最低水平(见图3-1)。其余各季度对行业发展预期虽有不同程度的变化,但总体趋于平缓。总体来看,2015年对行业全年发展预期的信心较为波动,2015年第一、二、三季度总体趋于平稳,第四季度则达到最低水平。

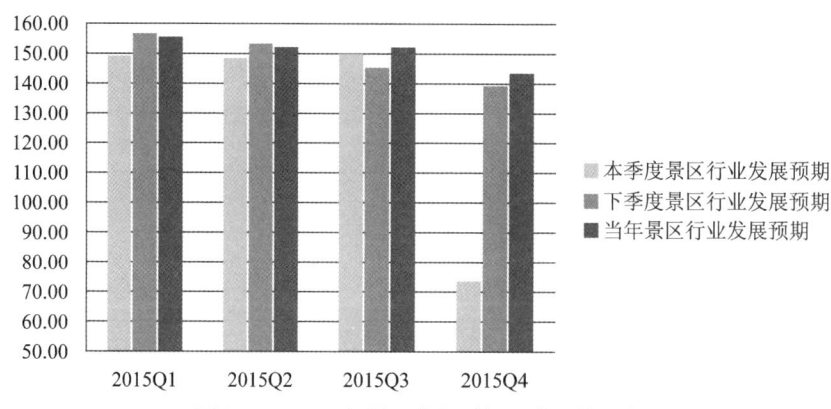

图3-1 2015年景区企业对行业发展的预期

2015年景区企业的经营者对于当季景区行业发展的预期在季度间波动较大。在2015年，第一季度较为平稳，第二季度出现小幅下降，随后第三季度开始回升，第四季度则降到全年最低。不难看出，第四季度企业对行业发展的预期最不乐观，此种趋势性变化与景区发展的外部环境和季节有很大关系。每年的第二、三季度基本为旅游旺季，受其影响，景区企业对行业发展也充满信心（见表3-1、图3-2）。

表3-1 2011—2015年景区企业对行业发展的预期

时段	对所在行业发展的预期		
	本季度	下季度	当年总体
2011Q1	133.10	139.71	138.00
2011Q2	128.75	136.80	137.07
2011Q3	137.22	123.25	136.38
2011Q4	134.68	141.04	138.92
2012Q1	122.40	138.49	144.00
2012Q2	135.53	139.76	124.94
2012Q3	131.72	126.21	131.29
2012Q4	125.79	135.11	132.14
2013Q1	126.35	132.00	129.53
2013Q2	128.79	128.91	129.64
2013Q3	120.96	110.53	105.77
2013Q4	129.38	137.36	134.68
2014Q1	140.24	147.29	144.47
2014Q2	143.53	143.06	144.00
2014Q3	130.82	122.82	117.18
2014Q4	142.12	150.12	151.53
2015Q1	149.65	156.71	155.76
2015Q2	148.71	153.41	152.47
2015Q3	150.12	145.88	152.47
2015Q4	73.88	139.76	144.00

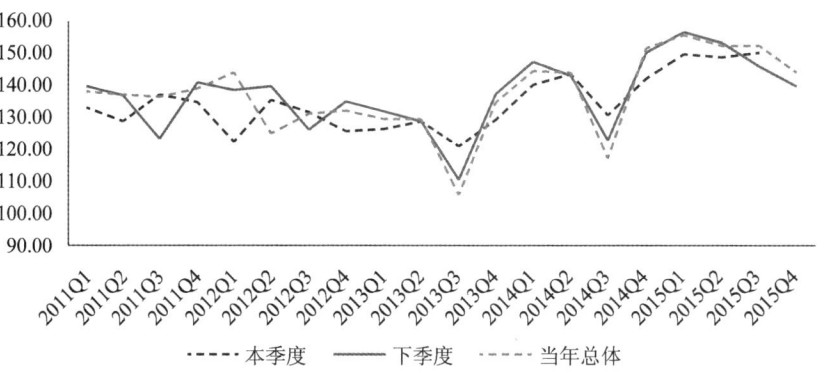

图 3-2 2011—2015 年景区行业绩效评价

与景区企业对当季景区行业发展的预期相比，景区企业对下季度行业发展及对全年行业发展的预期波动较小。其中，2015 年第四季度企业对下季度的发展预期较低，第一、二季度景区企业考虑到天气回暖及学生寒暑假的到来，纷纷调高了对第二、三季度行业发展的预期。

景区企业对于全年行业发展的预期变动平稳，第四季度有小幅度下降趋势。全年来看，第一季度企业对景区行业全年的发展仍充满信心，但在第二季度出现小幅度下降，第四季度达到了全年最低值。此种结果的出现与各季度调查所处的时间节点以及景区发展外部环境存在一定关联。第一季度处于行业发展的开年之际，各企业均摩拳擦掌做好了大力发展的准备；而第二、三季度随着景区旺季的到来，景区营运成本也随之增加，景区行业发展预期有一定程度的下滑，但随着情况的日渐好转，相应地对行业发展的信心程度也出现更加准确的判断，因而变得更加审慎乐观。

二、企业绩效评价

基于 2015 年四个季度景区景气调查数据，通过经营者对行业本季度、下季度和全年的总体发展与经营状况进行的从非常不乐观到非常乐观、从较大下降到较大上升的维度值估计，以每个指标的数值变化分析景区经营者对行业总体发展和经营状况预期的信心波动，具体情况如下。

各景区对于本季度行业经营状况的预期趋势在不同时段呈现出高低不均的变化趋势，对下季度行业经营状况的预期波动幅度较大，且相对频繁；对全年行业经营状况的预期除2012年第三季度和2013年第三季度有较大幅度下降外，其余各季度变化相对平稳，且指数相对较高（见图3-3、表3-2）。

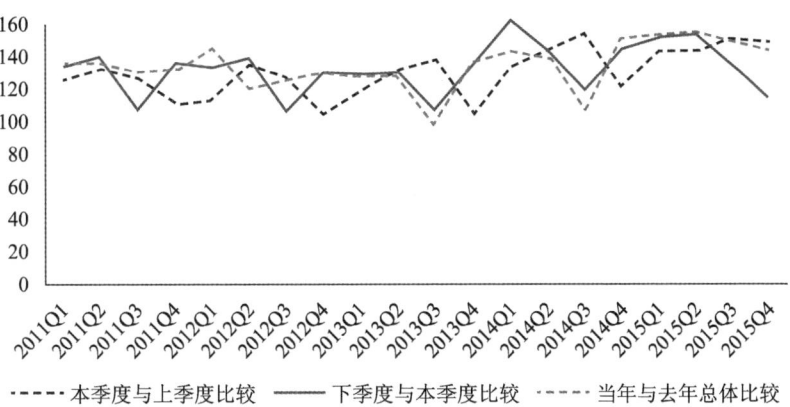

图3-3　2011—2015年景区经营状况预期指数时序图

表3-2　2011—2015年景区对行业发展预期的各季度对比

时段	对所在行业发展的预期		
	本季度与上季度比较	下季度与本季度比较	当年与去年总体比较
2011Q1	126	134.14	135.43
2011Q2	132.14	139.76	135.95
2011Q3	126.21	107.15	130.02
2011Q4	111.39	135.95	132.14
2012Q1	112.66	133.41	143.15
2012Q2	136.38	138.92	119.86

续表

时段	对所在行业发展的预期		
	本季度与上季度比较	下季度与本季度比较	当年与去年总体比较
2012Q3	127.29	106.31	124.09
2012Q4	104.61	130.02	130.45
2013Q1	119.07	129.06	127.16
2013Q2	131.19	130.20	127.84
2013Q3	137.77	106.73	97.41
2013Q4	104.51	135.86	135.86
2014Q1	132.86	161.88	142.59
2014Q2	144.00	143.06	140.24
2014Q3	153.88	118.12	105.88
2014Q4	119.53	144.94	150.59
2015Q1	142.59	152.00	153.41
2015Q2	143.06	154.35	153.88
2015Q3	150.12	135.53	147.29
2015Q4	148.71	114.82	143.53

2015年各季度景区企业对当季自身经营状况的预期随景区淡旺季的变化而变化，其中第三季度景区企业的信心指数最高，充分说明企业对第三季度经营状况整体看好。2015年第四季度气温骤降，景区企业的发展也随之进入严冬，与第三季度相比，企业对自身经营状况的信心也大打折扣（见图3-4）。

除第四季度外，企业对于下季度经营状况的信心指数均相对较高，且在第二季度达到最高。由此可见，抛开当季企业经营状况与上季度相比的预期，各景区企业对于下季度自身发展均充满信心。第三季度过去，多数景区由旺季转入淡季，考虑到此因素影响，企业不得不调低了对下季度自身经营状况的预期。

与本季度和下季度企业经营状况的信心指数相比，景区企业对全年经营状况的信心指数波动幅度最小,且整体乐观。与企业对行业景气指数的判断相类似,2015年第二季度景区企业对全年经营状况的信心指数最高,随即出现一定幅度的下降,第四季度达到最低。

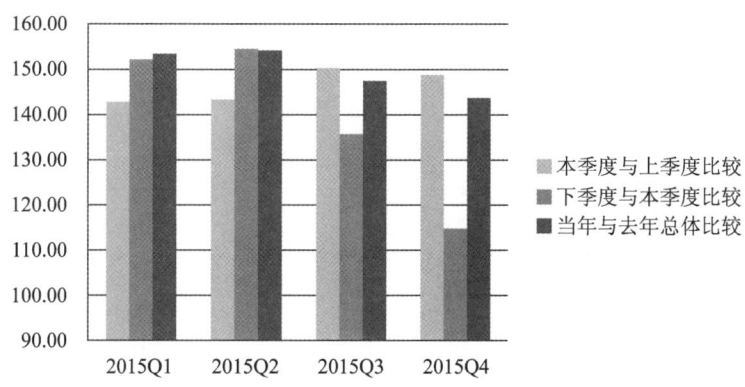

图3-4 2015年景区经营状况预期指数时序图

三、企业经营指标评价

基于2015年四个季度区间景区景气调查数据,通过景区经营者对行业具体经营景气指标(预订人数、接待人数、固定资产投资、门票价格、营业收入、营业成本、利润水平、从业人员、员工工资)从较大下降到较大上升的维度值估计,以每个指标的数值变化分析景区经营者对经营状况的信心波动,具体情况如下(见图3-5)。

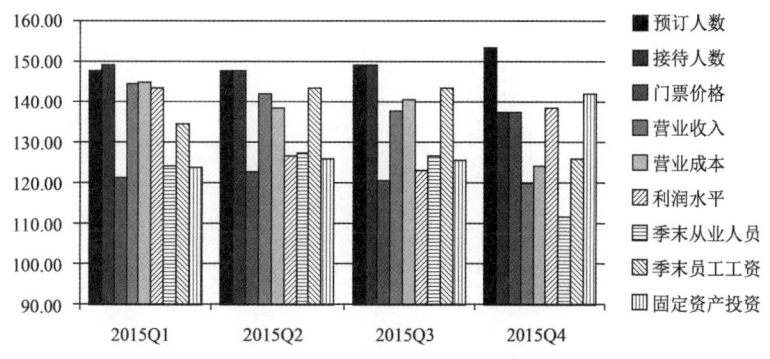

图3-5 2015年景区具体经营指标评价

景区各景气指数综合反映出景区行业的走势比较乐观,但存在较大的波动性(见图3-6)。2015年预订人数、接待人数、营业收入、门票价格、营业成本、利润水平、从业人员、员工工资、固定资产投资各项指标在不同的时段都呈现出较大的波动性。

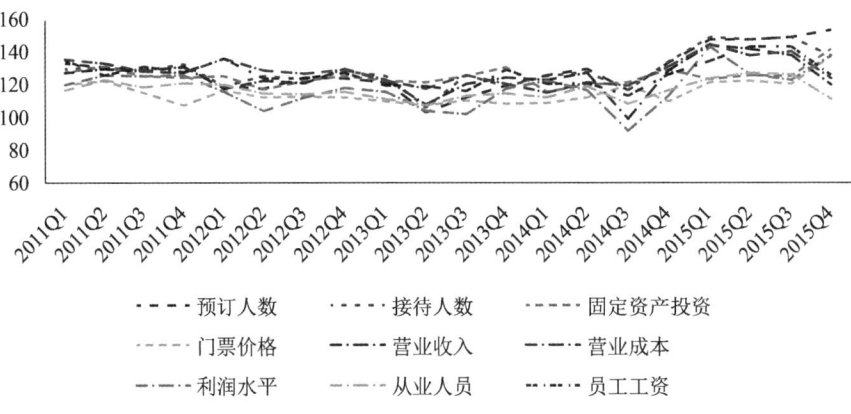

图3-6 2011—2015年企业经营指标评价

(一)规模指标的时序性变化

2011年第一季度至2015年第四季度景区预警调查数据显示,景区企业的规模指标波动较大,且在2013年第二季度达到了最低值,2013年第三季度开始逐渐上升(见图3-7)。

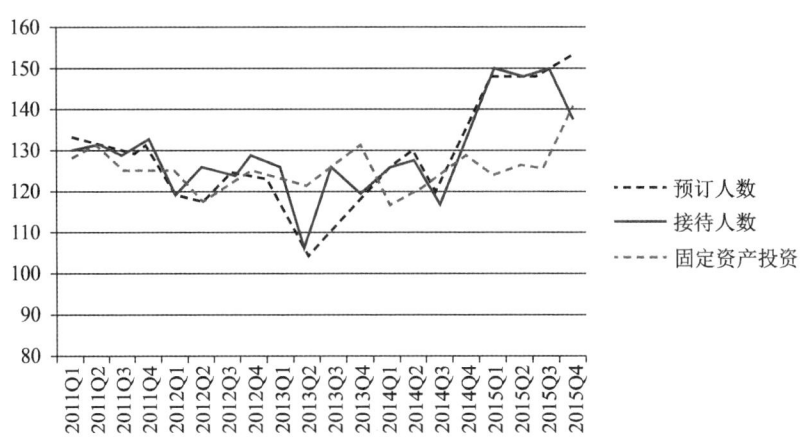

图3-7 2011—2015年规模指标的时序性变化

2015年，景区企业对规模指标的信心指数整体乐观，固定资产投资在全年均处上升态势。在景区企业的经营者看来，景区的预订人数从第二季度开始呈现不断上升趋势，第四季度升至一年中的最高值（见图3-8）。景区的接待人数在前三季度都较为稳定，在第四季度则呈现大幅度下降。景区的接待人数逐年上涨与景区的吸引力增加有一定关系，此外，蓬勃发展的经济形势是促使居民消费及出游意愿增加的重要因素。随着旅游业的进一步蓬勃发展，企业相应增加固定资产投资实属必然。

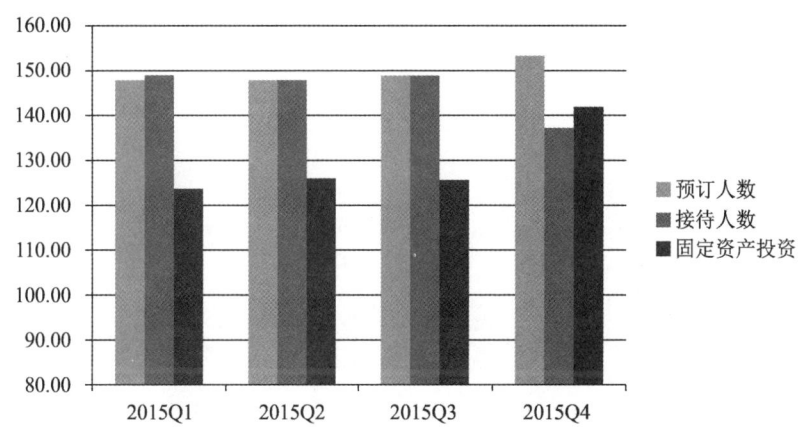

图3-8　2015年规模指标的时序性变化

（二）绩效指标的时序性变化

与规模指标相比，绩效指标在各季度间波动较为明显，除2014年第三季度营业收入与利润水平均出现明显下降外，其余各季度的绩效指标均呈现波动式增长。营业成本同比增加的程度高于其余指标，利润水平增幅最不明显，同类指标中，门票价格一直处于相对稳定的水平。

2015年景区企业营业收入与利润水平波动幅度较大，其余两项指标波动幅度相对较小，企业经营者对门票价格及营业成本的信心指数总体高于对营业收入及利润水平的信心指数。

2015年各季度景区门票价格与2014年同期相比整体上升，且自第一季度起景区门票价格的信心指数稳中有升,各地景区在旅游旺季频频涨价一直备受关注。景区的营业收入及营业成本均有不同程度的波动。营业成本在2014年第三季度的上涨幅度最为明显,而后依旧呈上升趋势,在2015年开始出现转折,呈大幅度下降;营业收入的信心指数则波动较大,在2014年第三季度大幅度上升之后,又在2015年全年呈现大幅度下降趋势,2015年企业对营业收入的信心指数整体变化较大。在营业收入及营业成本等因素的综合作用下,景区的利润水平在2015年有一定波动,企业对利润水平的信心指数不及其余同类指标,较明显的波动出现在第二、三季度,提高营业收入及降低成本是企业增加利润的可行措施(见图3-9、图3-10)。

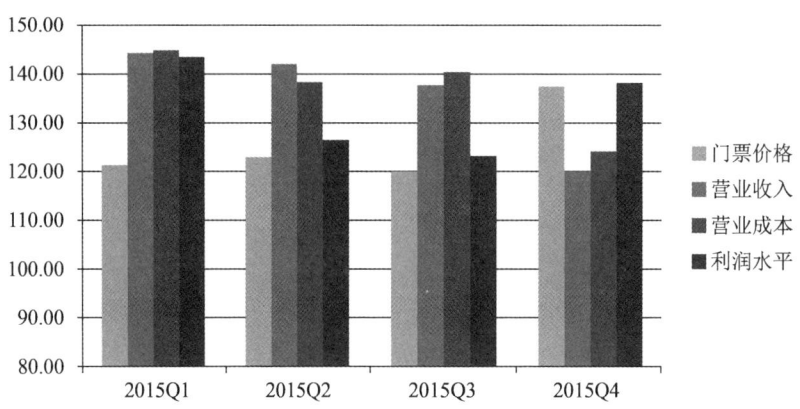

图3-9 2015年绩效指标的时序性变化

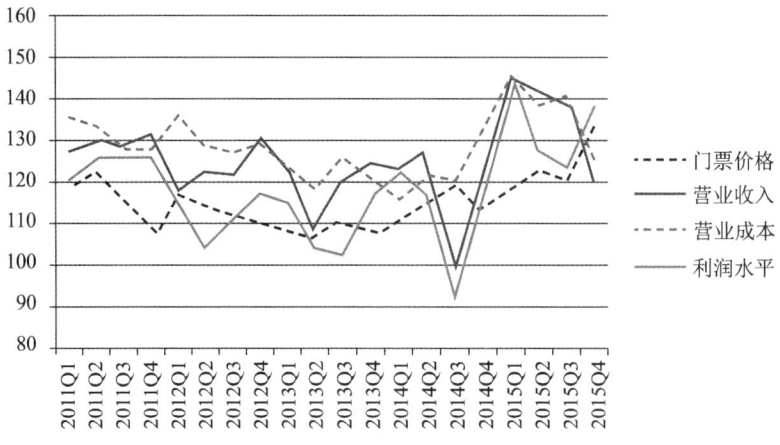

图3-10 2011—2015年绩效指标的时序性变化

(三) 就业指标的时序性变化

从整体趋势来看,除2013年及2014年第三季度外,景区企业的从业人员一直处于相对稳定的水平,在2015年又呈现大幅度波动状态。2011年初从业人员规模同比增加的幅度略高于其余季度,2012年整体处于下降趋势,2013年后半年虽有小幅上涨趋势,但整体增幅相对低于之前的统计年份,2014年第一季度仍有所下降,但在随后的第二季度出现上升态势,2015年呈现大幅度上升趋势,而从第三季度又开始下降。受物价上涨等因素影响,景区的用工成本也相应地增加,员工工资与从业人员规模相比涨幅相对明显(见图3-11)。

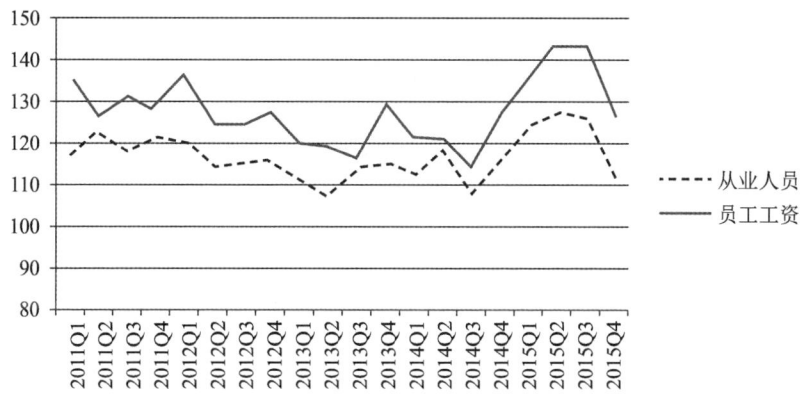

图 3-11 2011—2015年就业指标的时序性变化

2015年,景区企业对就业指标的信心指数从第一季度开始上升,并在第三季度达到了高峰,从第四季度则开始呈现大幅下降趋势(见图3-12)。员工工资的信心指数整体高于从业人员的信心指数,但2015年全年员工工资信心指数相对较低。据数据分析可知,景区企业的从业人员规模并未出现较大变化,从业人员规模相对稳定。随着景区各项建设趋于成熟,从业人员的人数以及具体的职位分布也逐渐明朗,一般不会出现明显变动。近年来,受物价上涨等因素影响,景区企业的用工成本也逐年增加,景区为了留住员工,增加员工的工资和福利也是景区用工成本增加的因素之一。

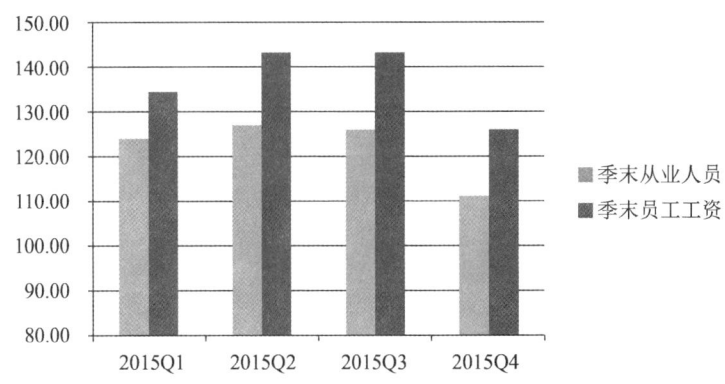

图 3-12　2015 年就业指标的时序性变化

四、企业经营指标的区域性差异

区域景区景气分析主要通过对东中西部三大区域的景区进行横向对比,分析空间要素上行业各景气指标的时序变动差异。本研究将调研样本划分为东部、中部和西部三大地区。

综合来说,三大地区各项指标在不同时段的变化趋势基本相同,均从第三季度开始有较大幅度的波动。相对固定资产投入而言,门票价格、从业人员、营业成本、接待人数、营业收入、利润水平、员工工资的变化幅度较大(图 3-13 至图 3-20)。

东部地区各项指标数值的变化主要集中在第三季度,其他季度各项指标指数相对稳定,发展态势良好。其中第三季度的员工工资、营业收入、从业人员等指标变化较大,门票价格和营业成本在第三季度达到了一年中的最高值,而利润水平则降至一年中的最低值。

中部地区各项指标指数值的变化也同样集中在第三季度,其他季度的各项指标指数相对稳定。其中第三季度的利润水平和营业成本变化较大,同时营业成本及利润水平此季度达到最低值,应对各项费用进行合理控制,以降低营业成本。

西部地区各项指标指数在第三季度下降幅度较为明显，其中营业收入和利润水平下降幅度最大。

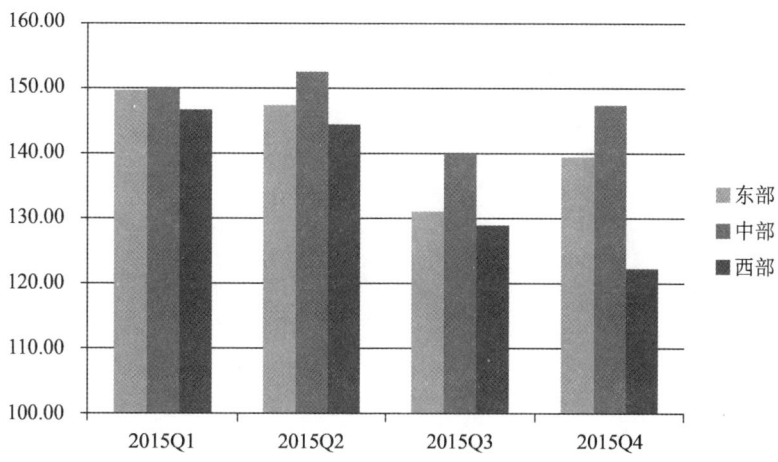

图 3-13　2015 年三大区域接待人数指标时序图

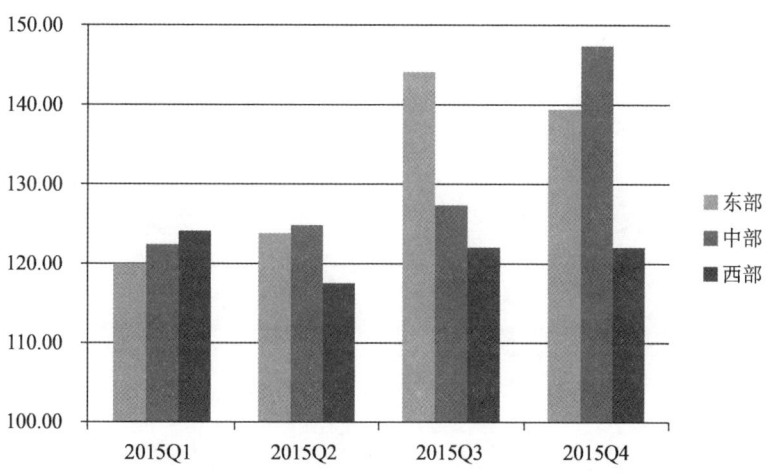

图 3-14　2015 年三大区域门票价格指标时序图

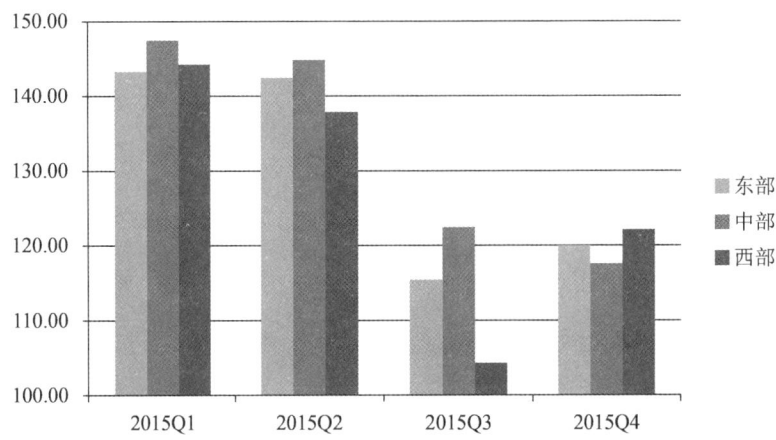

图3-15 2015年三大区域营业收入指标时序图

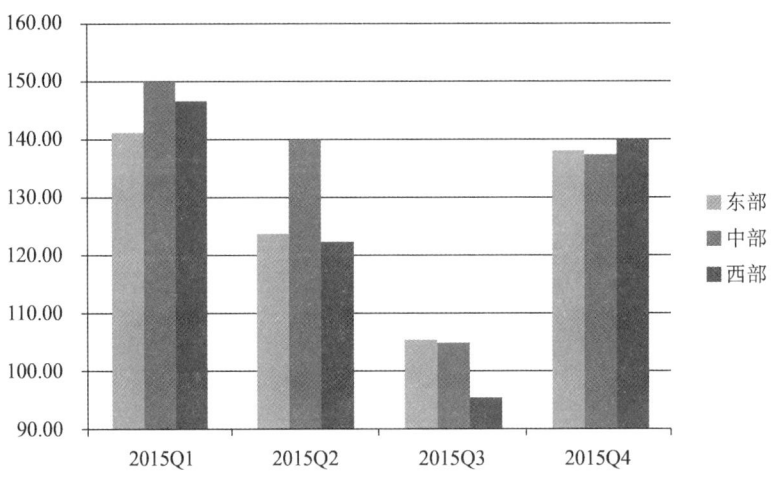

图3-16 2015年三大区域利润水平指标时序图

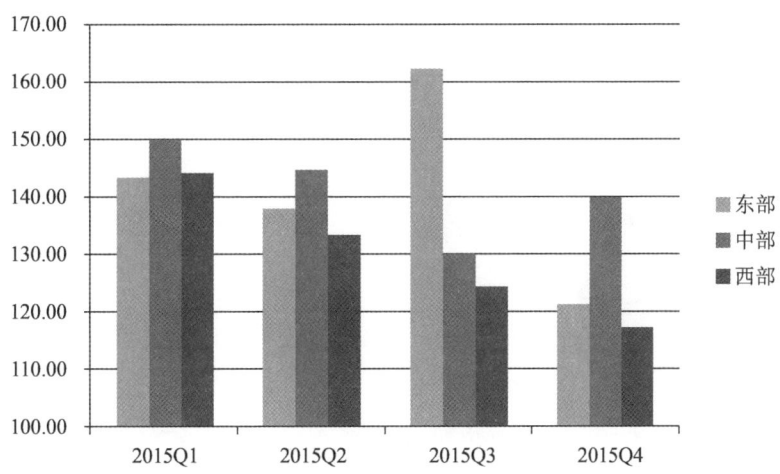

图 3-17　2015 年三大区域营业成本指标时序图

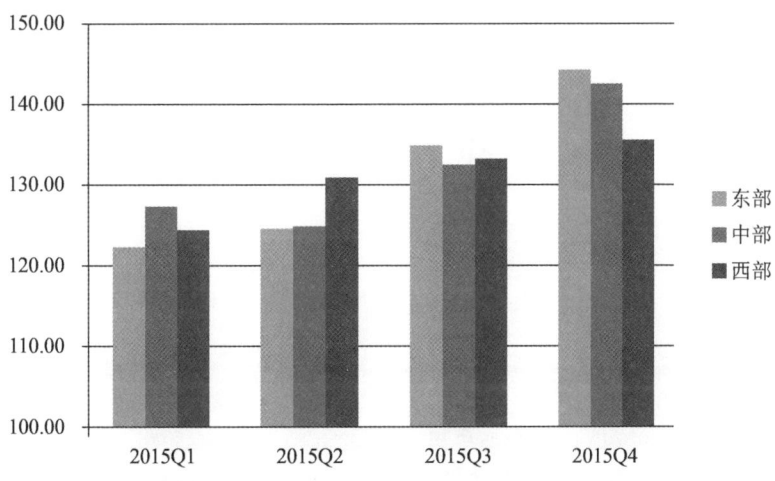

图 3-18　2015 年三大区域固定资产投资指标时序图

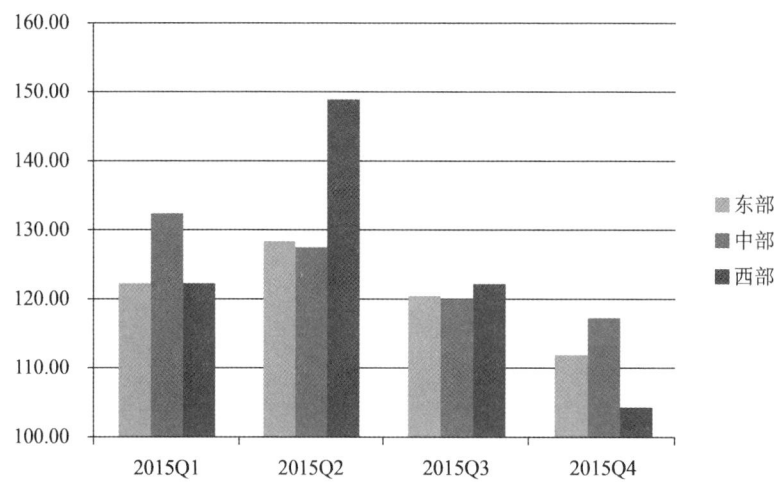

图3-19 2015年三大区域从业人员指标时序图

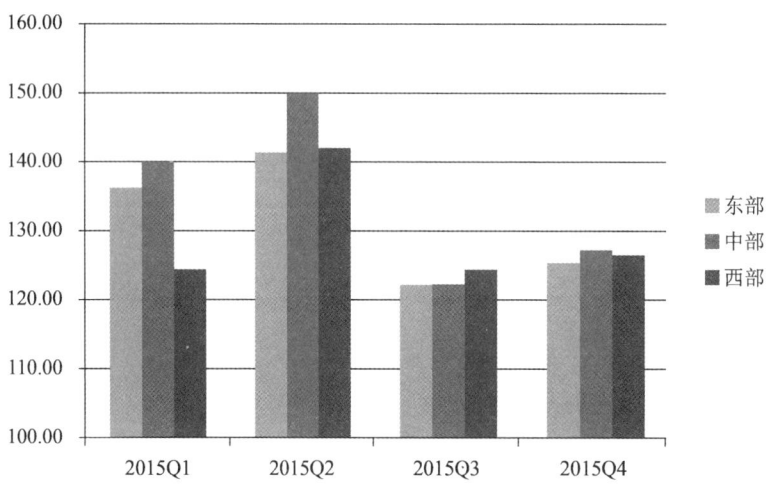

图3-20 2015年三大区域员工工资指标时序图

第四章
景区消费需求与服务质量评价

在快速发展的现代社会，消费需求随时都在变化，而且对服务质量的要求越来越高。2015年，中国旅游研究院通过现场问卷发放、网络评论和投诉等三个渠道收集了三万余例调查样本数据，对目前我国景区消费主体的市场需求、消费偏好以及服务质量评价进行调查分析。调查逐月按季度开展，调研范围涵盖了各旅游热点时间以及全国60个重点城市的主要景区。以下主要围绕景区消费需求和游客对景区服务质量评价进行详细论述。

一、景区游客的特征和消费偏好

（一）游客特征

根据中国旅游研究院调查数据，与2014年相比，2015年景区游客的出游半径有所扩大，出游范围超过1001公里以上的占比达到19.7%，1000公里以内的累计占比为79.8%，300公里以内的占比为55.6%（见图4-1）。目前，游客出游范围符合距离衰减规律，但随着自驾车和高铁等交通工具的发展，可以肯定的是，景区游客的出游范围将不断扩大。除周边游之外，景区应该通过各种营销方式扩大景区影响，争取更多长距离游客，优化客源结构。

在游客群体特征上，国内游客主要选择和家人一起出游，或和好友结伴出游，占比分别为38.2%、38.6%，两者累计占比达到76.8%（见图4-2）。这说明现在的游客出游时，更加注重的是与亲朋好友的感情交流、共度欢乐时光。另外独自出游以及公司、班级、社团等集体出游的也占一定比例，分别为9.6%和8.0%。机关、事业单位与同事一起出游的占比为2.9%，其他类型出游的比例都较低。对于一般国内游客来说，与网友结伴和与驴友出行的比例还不是太大，毕竟这一类型的游客属于小众市场。

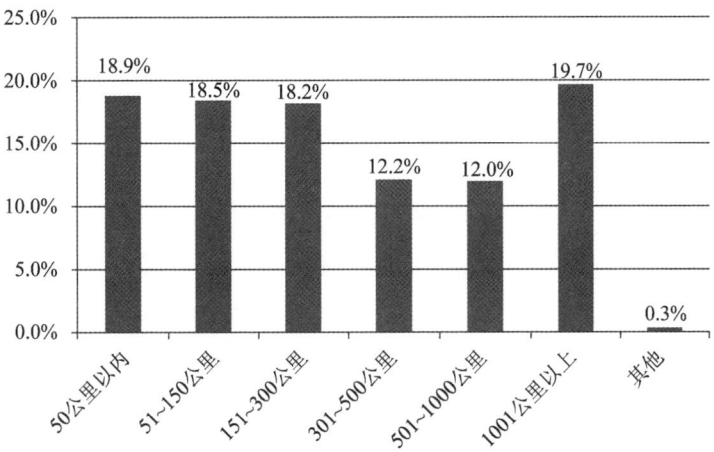

图 4-1 游客出游范围

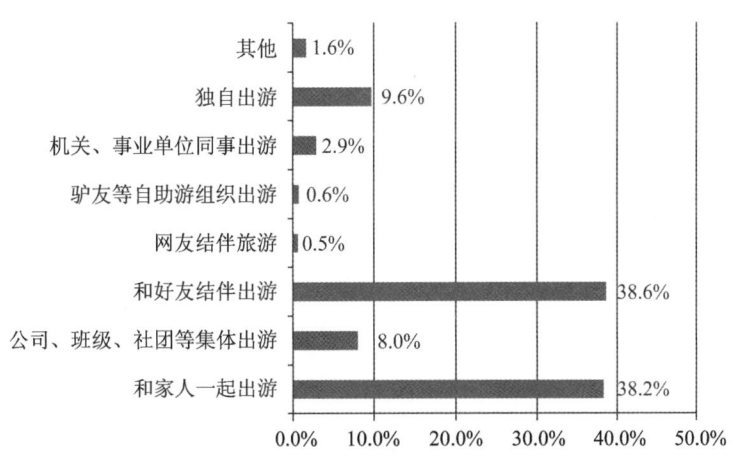

图 4-2 国内游客同行偏好

相对于国内游客，入境游客的群体特征更加多元化，独自出游占有一定比例，接近两成，达到 19.0%，与公司、班级、社团等集体出游也达到 11.5%，与机关、事业单位同事出游的达 6.9%，以驴友和网友结伴出游的比例也远超过国内游客，这体现出入境游客更加细化的市场特征以及更具冒险精神的个性特征（见图 4-3）。

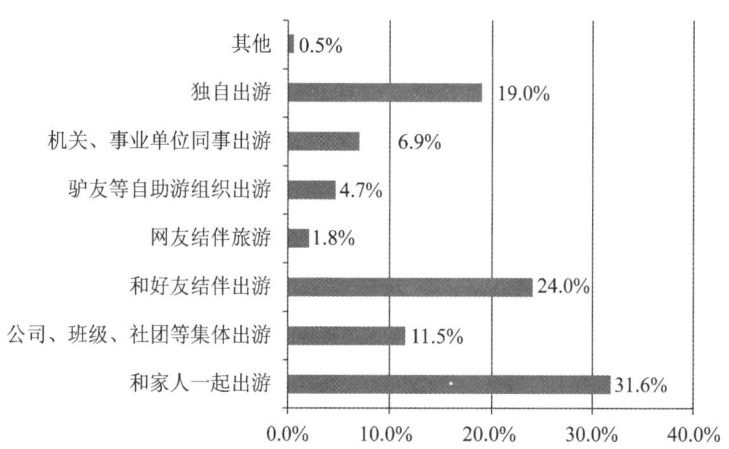

图4-3 入境游客同行偏好

(二) 消费偏好

就国内游客而言,选择游览观光作为主要旅游目的的游客数量占总游客数量的49.6%,比2014年下降近2个百分点,这说明国内观光游客的主体地位不变,但比例在不断下降。休闲度假类游客占比排在第二位,占比为37.8%,第三为探亲访友类游客,占比为6.8%。商务、会议、文体/教育/科技交流、宗教朝拜、健康医疗等游客的比例还较小,但潜力巨大(见图4-4)。

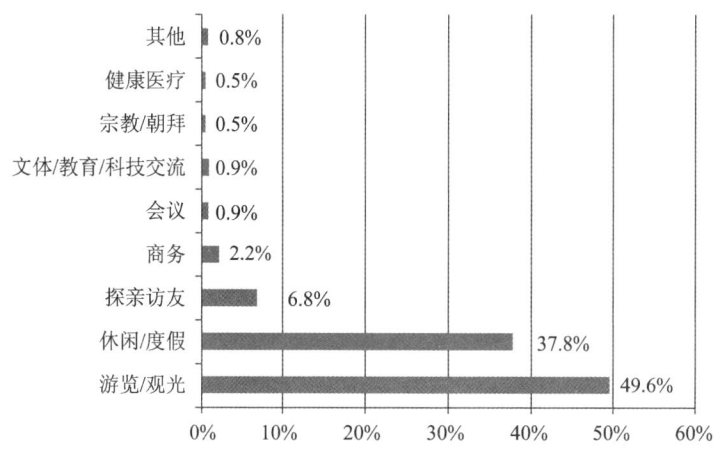

图4-4 国内游客出游主要目的

就入境游客的旅游目的来看，了解中国特色文化的入境游客占总入境游客的29.7%，与2014年相比下降了近20个百分点。游览观光的入境游客比例为20.1%，也比2014年下降了10个百分点。休闲度假的入境游客比例达到13.5%，比2014年同期有7个百分点的上升。商务类型的入境游客比例为18.6%，比2014年上升10个百分点（见图4-5）。

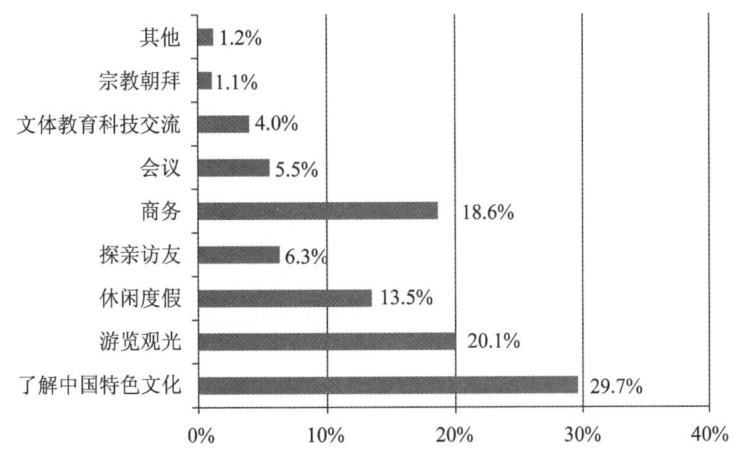

图4-5 中国入境游客出游主要目的

从入境游客在中国主要接触的景点、活动或风土人情来看（见图4-6），有49.7%的入境游客观赏了山水风光，39.6%的入境游客观赏了文物古迹，48.8%的入境游客体验了中国的文化艺术，28.7%的入境游客享受了中国的美食烹调，24.9%的入境游客体验了购物消费，有13.5%的游客参加了节庆会展。这些统计数据表明，中国独有的文化魅力和秀美的自然风光是吸引境外游客来华的主要旅游资源，同时人文观光，如物质文化遗产观光，是了解中国特色文化的主要方式之一，说明自然观光和人文观光是境外游客的主要旅游方式，境外游客的主体仍是观光型游客。在国外比较成熟的旅游市场，以休闲度假游客为主要旅游群体，商务旅游、会展旅游也居于重要地位，境外游客对休闲度假、商务旅游、会展旅游的需求旺盛，但是从目前的统计数据来看，境外游客对中国的旅游需求集中在观光型旅游资源上，对休闲度假、商务旅游、会展旅游需求反应平淡，表明相对于国际成熟旅游市场，中国的旅游产品层次较低，休闲度假市场发育不成熟，相关产品对境外游客没有吸引力，商务旅游产品、会展旅游产品也亟待丰富和升级。

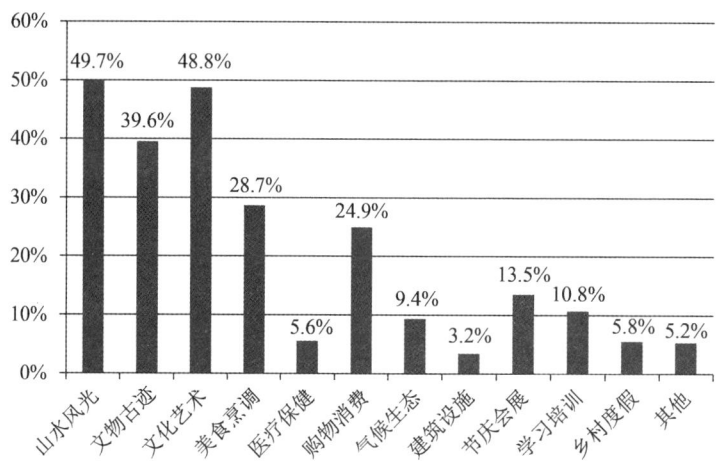

图4-6 入境游客在中国主要接触的景点、活动或风土人情

游客出游前查找的主要信息有景区（点）、旅游价格、交通、住宿、旅游地风俗民情、特色购物街区、娱乐等方面信息。景区（点）信息、和价格信息是游览观光游客最关心的信息，其中28.3%的游客出游前主要查找了景区（点）方面的信息，18.2%的游客查找了旅游价格方面的信息。19.7%的游客查找了交通方面的信息。查找住宿信息、旅游地风俗民情、特色购物街区、娱乐等信息的比例分别为10.7%、7.9%、6.0%、4.8%（见图4-7）。

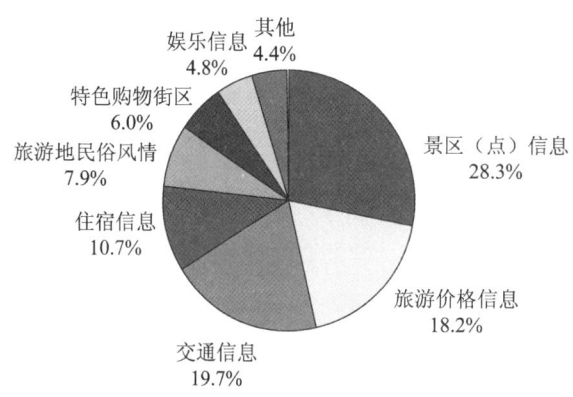

图4-7 游览观光游客出游前查找的主要信息

游客的人均花费。国内观光游览游客人均花费集中在3000元以下，这一层次花费的游客占比为89%，其中，花费在500元以下的最多，占比为27.3%，花费在501~1000元的游客占比为27.2%，花费在1001~2000元的游客占比为24.1%，花费在2001~3000元的游客占比为10.4%。这说明国内游客的消费仍然处于较低水平，平均花费较低（见图4-8）。

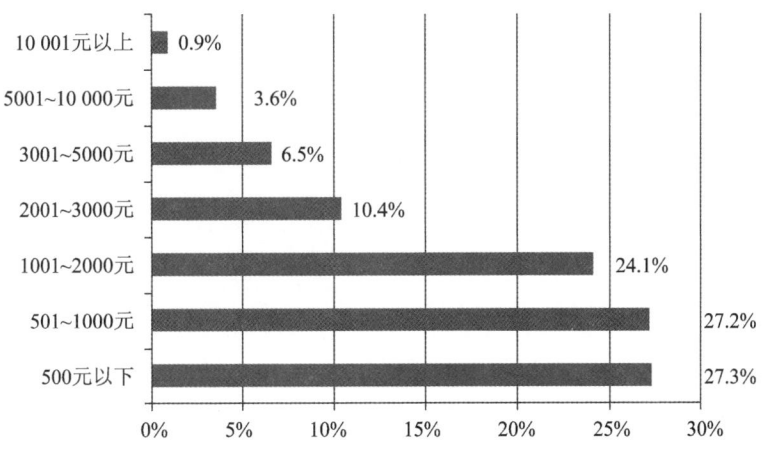

图4-8 国内游客人均花费

入境游客人均花费集中在501~10 000元，这一层次花费的游客占比为90.3%（见图4-9）。其中：花费在501~1000元的游客占比为16.8%，花费在1001~2000元的游客占比为28.2%，花费在2001~3000元的游客占比为16.4%，花费在3001~5000元的游客占比为16.7%，花费在5001~10 000元的游客占比为12.2%。这说明入境游客的消费支出能力远远超过国内游客，大力开拓入境旅游市场，能够有效提高景区收益。

国内游客的消费项目主要集中在餐饮、交通、景点门票、购物和住宿上，文化娱乐占比较低（见图4-10）。其中餐饮花费占比为22.2%，交通花费占比为19.9%，景区门票占比为19.5%，购物花费占18.5%，住宿的花费占比为11.6%，文化娱乐的花费占比为7.5%，其他占比为0.8%。可以说，国内游客的消费结构中，景点门票仍然占据较大比例，这反映出老百姓对门票过快上涨的感受是真实的。

另外,文化娱乐消费的比重较低,说明景区应该进一步加大娱乐业态的比重,提升消费体验。

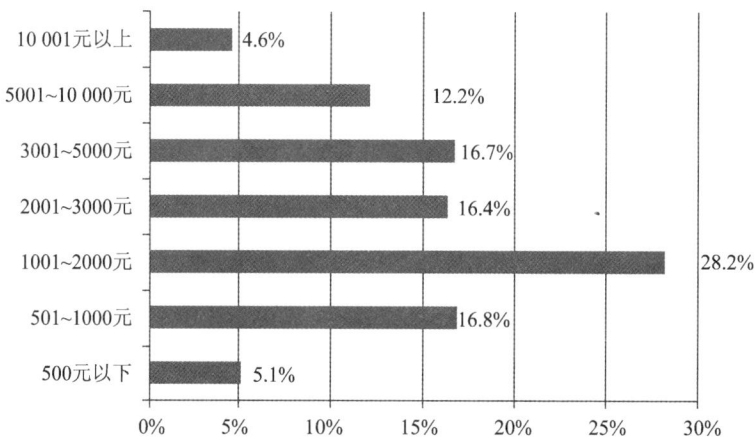

图4-9 入境游客人均花费

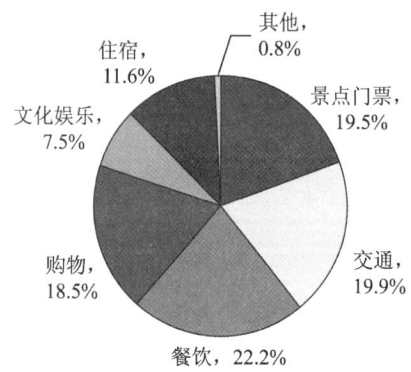

图4-10 国内游客消费结构

入境游客的消费项目也主要集中在交通、住宿、购物、餐饮、景点门票、文化娱乐上,其花费占比分别为:28.4%、21.3%、15.0%、12.5%、11.5%和11.0%(见图4-11)。与国内游客相比,入境游客在文化娱乐上的花费支出较多,比较喜欢深度体验中国文化及其相关产品。

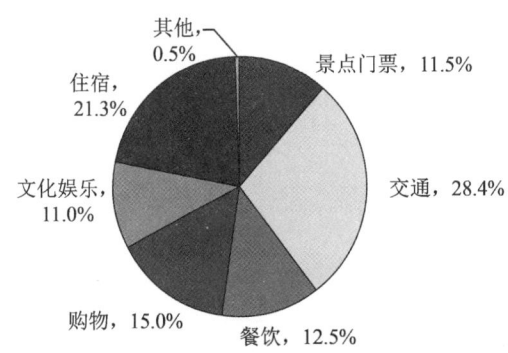

图 4-11　入境游游客消费结构

游客的旅游时间。国内游客花费的旅游时间主要在1周以内，这一时段的游客占比为88.9%，接近九成。其中花费时间为2~3天的游客占比为42.1%，花费时间为4天~1周的游客占比为27.6%，当天往返的游客为19.2%（见图4-12）。

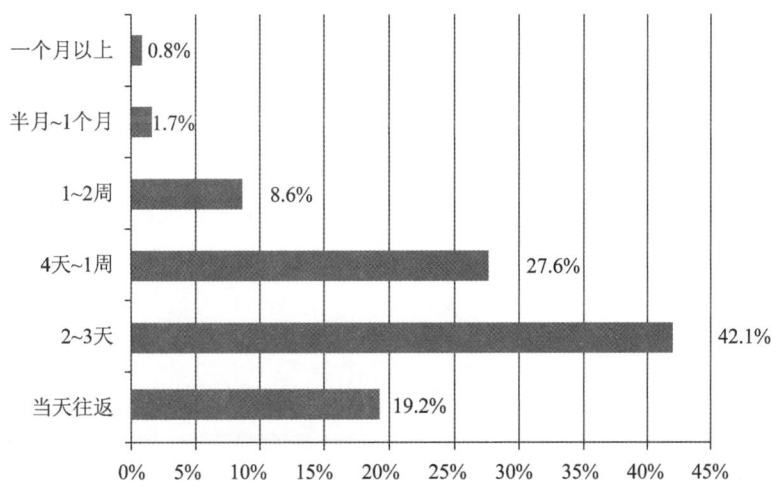

图 4-12　国内游客花费的旅游时间

相比国内游客来说，入境游客的旅游时间较长，当天往返的占比为0，八成游客都在4天以上，其中4天~1周的占比为42.8%，1~2周的占比为21.0%，半个月~1个月的占比为12.3%，一个月以上的占比为4.3%。此外，2~3天的游客占比为19.6%（见图4-13）。

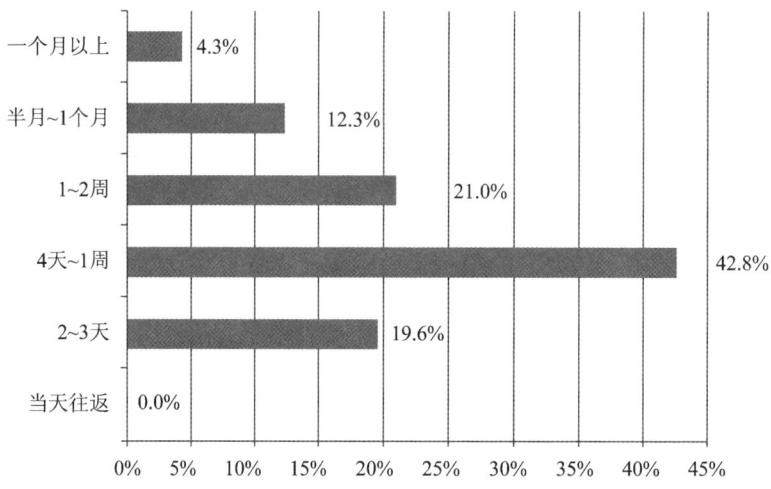

图 4-13 入境游客花费的旅游时间

游客的交通工具选择。国内游客最主要的交通工具为汽车、火车等较廉价而且适宜长途远行的交通工具,使用这两类交通工具的游客占比分别为 48.8%、31.0%(见图 4-14)。随着国民收入的不断提高和近年来航空公司对价格的不断调整,乘坐飞机出游的国内游客比重也有所增加,占比已经达到 8.2%;同时,自驾车在 2015 年也有很大发展,其占比已经达到 8.8%,超过了飞机成为主要出行方式之一。游船、自行车/步行等占比较低,仅为 0.6% 和 1.4%。

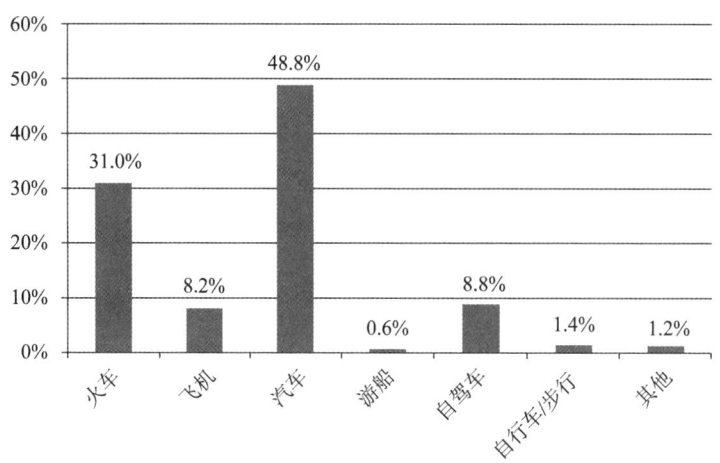

图 4-14 国内游客主要交通工具

游客游览的景点数量。国内游览观光游客参观的景点个数集中在1~5个,其中参观3~5个景点的游客最多,占比为45.9%,其次为参观1~2个景点的游客,占比为39.1%。此外,参观6~9个景点的游客较少,占比为10.2%,参观10个及以上的游客最少,仅为3.5%。另外,还有1.5%的游客进行了无景点旅游,未到景区游览(见图4-15)。

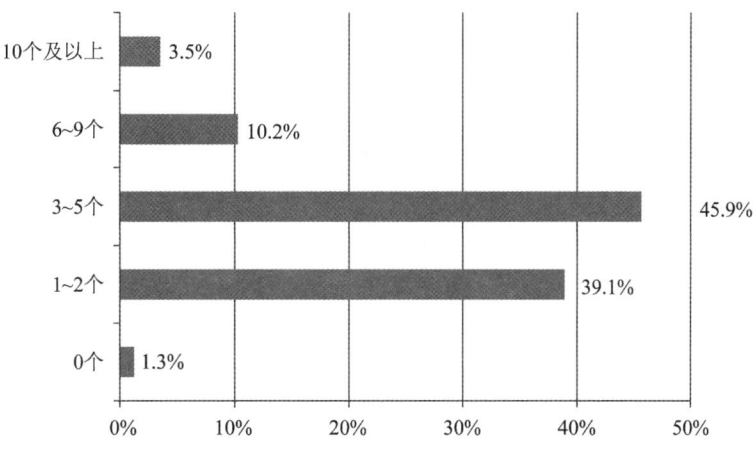

图4-15 国内游客参观景点个数

入境游客参观的景点个数同样集中在1~5个,其中参观3~5个景点的游客最多,占比为44.3%,其次为参观1~2个景点的游客,占比为29.6%。此外,参观

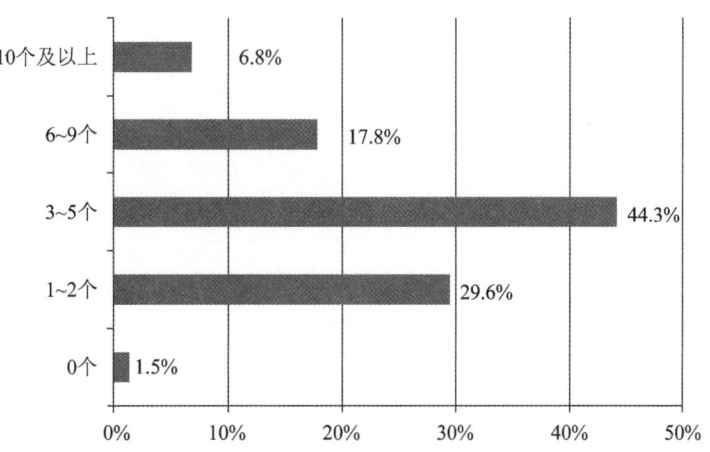

图4-16 入境游客参观景点个数

6~9个景点的游客较少,占比为17.8%,参观10个及以上的游客占比为6.8%。另外,还有1.4%入境游客进行无景点旅游(见图4-16)。

二、游客对景区的服务质量评价

(一)现场问卷调查游客评价

2015年,国内游客与入境游客对景区景点的满意度指数分别为7.56、7.77,均处于"基本满意"水平。不论是国内游客还是入境游客对景区的评价相比2014年都有所上升。

1. 不同性别游客的评价

就国内游客而言,女性游客对景点的满意度略高于男性游客,女性游客对景点的满意度为7.61,而男性游客对景点的满意度为7.52。入境游方面,女性游客对景点的满意度为7.80,而男性游客对景点的满意度为7.71,女性游客满意度也高于男性游客满意度。

2. 不同教育程度游客的评价

国内游客中,硕士及以上受教育程度的游客满意度最高,小学及以下受教育程度的游客满意度最低。小学及以下、初中、高中/中专/技校、大学专科、大学本科、硕士及以上受教育程度的游客的满意度指数分别为7.30、7.58、7.54、7.57、7.57、7.67。

入境游客中,小学及以下、初中、高中/中专/技校、大学专科、大学本科、硕士及以上受教育程度的游客的满意度指数分别为6.50、7.86、7.93、7.76、7.64、7.96。同样是硕士及以上受教育程度的游客满意度最高,而小学及以下受教育程度的游客满意度最低。

3. 不同年龄段游客的评价

国内游客中,60岁及以上的游客满意度最高,35~44岁的游客满意度最低。15岁以下、15~24岁、25~34岁、35~44岁、45~59岁、60岁及以上的游客的满意度分别为 7.48、7.60、7.56、7.38、7.58、8.05。

入境游客中,也是 60 岁及以上的游客满意度最高,45～59 岁之间的游客满意度最低。15～24 岁、25～34 岁、35～44 岁、45～59 岁、60 岁及以上的游客的满意度分别为 7.76、7.69、7.84、7.52、8.42。

4. 不同归属地游客的评价

在国内游客中,农村游客对景点的满意度略高于城镇游客,来自城镇的游客对景点的满意度为 7.56,而农村居民对景点的满意度为 7.57。

5. 不同收入的游客评价

国内游客中,无收入游客的满意度最高,月均税前总收入为 5001～8000 元的游客满意度最低。无收入、1000 元以下、1001～3000 元、3001～5000 元、5001～8000 元、8001～10 000 元、10 001～20 000 元、20 001 元以上的游客的满意度分别为 7.84、7.44、7.51、7.58、7.42、7.50、7.56、7.55。

入境游客中,收入在 1000 美元以下的游客满意度最高,无收入的游客满意度最低。无收入、1000 美元以下、1001～3000 美元、3001～5000 美元、5001～8000 美元、8001～10 000 美元、10 001～20 000 美元、20 001 美元以上游客满意度依次为 7.36、8.02、7.71、7.84、7.94、7.59、7.74、7.64（见表 4－1）。

表 4－1　不同收入水平的国内游客和入境游客满意度

国内游客		入境游客	
无收入	7.84	无收入	7.36
1000 元以下	7.44	1000 美元以下	8.02
1001～3000 元	7.51	1001～3000 美元	7.71
3001～5000 元	7.58	3001～5000 美元	7.84
5001～8000 元	7.42	5001～8000 美元	7.94
8001～10 000 元	7.50	8001～10 000 美元	7.59
10 001～20 000 元	7.56	10 001～20 000 美元	7.74
20 001 元以上	7.55	20 001 美元以上	7.64

(二) 网络投诉分析

1. 网络投诉概况

根据中国旅游研究院全国游客满意度旅游投诉与质监调查结果，2015年投诉数量整体高于2014年平均水平，其中，投诉数量共计6473件，比上年增加1997件。具体而言，网络投诉数量4224件，第一至第四季度分别是944件、906件、1649件和725件，其中，万景黑幕旅游2140件，中国旅游诚信网1052件，人民网旅游投诉485件，新浪微博414件，315曝光70件、315热线34件，腾讯微博19件，搜狐/旅游/游山玩水6件，天涯社区/旅游论坛2件，新浪旅游论坛/投诉专区1件，网易旅游1件；问卷投诉数量共计2249件，第一至第四季度分别是470件、601件、600件和578件。网络投诉主要集中于国内旅游市场（出境旅游市场只有87件），投诉对象为旅行服务运营商、旅游交通（含航空、火车、长途汽车、市内出租车）、旅游购物、旅游住宿、旅游景区、旅游餐饮和其他。其中，旅游购物共1990件，占到总数的47%，针对旅行服务运营商的投诉也比较集中，共1533件，占到总数的36%（见图4-17）。以下选取"人民网315频道"的景区相关投诉为具体研究对象，对其主要特征进行研究。

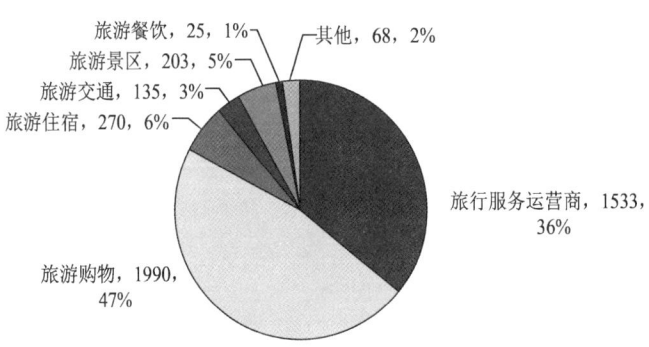

图4-17 2015年网络投诉的投诉对象、数量与比例

2. 旅游网络投诉分析

2015年，人民网3·15投诉平台全年共收到有效投诉1074条，较2014年增长

了106.14%。从涉及主体来看，旅游投诉主要集中在旅行社、导游、景区、酒店和航空五个领域。从典型区域来看，云南景区因诱导/强迫购物、旅游产品实际与描述不符、价格欺诈、殴打游客等负面事件而遭到投诉较多，旅游满意度较低。从媒体曝光来看，"香格里拉藏文化博物馆卖高价药""央视揭旅游黑幕：九寨沟购物存猫腻""央视再曝三亚宰客：海鲜水果漫天要价""湖南岳麓书院古树压塌大殿致1死2伤""网曝故宫保安殴打游客""云南石林景区导游辱骂游客""云南轿子雪山景区人员用石头砸游客""井冈山索道轿厢坠落""峨眉山景区风波""女游客不愿骑马遭丽江景区人员围殴致骨折""男子大雁塔照相被索1380元，交不起钱女友被扣"等事件均成为热点事件引发社会强烈关注。

从投诉内容来看，主要集中在购物欺诈、乱收费、管理不善、景区人员辱骂和殴打游客、服务态度差和强迫消费等几个方面，云南地区的玛卡、天麻、玉石等产品的购物欺诈成为游客投诉的重点（见表4-2）。此外，景区在销售门票过程中，出现捆绑销售和乱收费的情况，对于残疾人、儿童等特殊群体的门票优惠政策未能落实。景区管理混乱，停车、厕所、安全事故等问题仍旧突出。

表4-2　2015年人民网3·15频道投诉问题与数量

投诉问题	数量	投诉问题	数量
购物欺诈	105	强迫消费	5
乱收费	21	安全事故	4
管理不善	21	特殊人群免票	3
辱骂殴打游客	8	服务运营商代售门票不能兑换问题	15
服务态度差	5	共计	187

除去服务运营商代售门票的问题之外，从投诉发生的地域来看，景区投诉主要集中在云南、广东、四川、河南、山西、陕西、广西、浙江、湖南、北京等省市。需要说明的是，由于游客投诉选择类别是无购物店这一类型，因此基本上购物欺诈均选择了景区作为投诉对象。云南景区遭到的购物投诉最多，高达82项；就北京景

区来说，主要是十三陵和奥运场馆存在购物欺诈；一些山地类景区主要遭到的投诉是管理不善、服务态度差、安全事故等；5A级景区对于残疾人士和儿童的门票优惠措施未有效落实也导致了部分投诉。

从投诉处理效率来看，广东、河南、陕西、广西、北京、湖南的处理效率和处理结果既低又差，福建、甘肃、河北、黑龙江、吉林、江西、内蒙古、山东、上海、天津、新疆、浙江、重庆和江苏均未处理来自人民网的旅游投诉案件。不过确实，一些投诉案件中，仅仅是游客的抱怨，也有一些投诉案件由于产生原因较为复杂，处理难度较大而造成问题解决较慢。尤其是涉及多元利益主体的欺诈现象更难解决，需要综合执法。

第五章
景区相关政策法规及影响

全面建成小康社会和五大发展理念为旅游经济快速发展提供了契机。旅游是人民生活水平提高的重要指标，旅游业是能够全面贯彻创新、协调、绿色、开放、共享五大发展理念的优势产业。党的十八届五中全会通过的《中共中央关于制定国民经济和社会发展第十三个五年规划的建议》明确提出"大力发展旅游业"。"十二五"收官之年的2015年，中国旅游业以李金早局长的"515战略"为引领，成就显著。旅游厕所革命取得了广泛的社会效应，得到习总书记的重要批示。国务院发布《关于进一步促进旅游投资和消费的若干意见》对推进旅游景区业持续健康发展，促进稳增长、调结构、扩就业具有重要的里程碑意义。"旅游＋互联网"预计将产生3个1万亿红利，旅游＋景区将分得更多红利。从国家层面到主管部门，从总书记到政府局长，从中央到地方，都对旅游业寄予厚望，政策法规日趋完善，宏观环境持续向好，景区发展的政策环境更为有利。

一、政策环境

（一）"515战略"

在2015年1月份召开的全国旅游工作会议上，国家旅游局局长李金早站在两个35年的交叉点上，站在国家经济社会发展和全球旅游业变革的全局高度，在系统审视当前旅游形势和阶段特征的基础上，提出了新形势下指导旅游发展的"515战略"。这一战略既有宏观思维和历史高度，又非常具有针对性和可操作性。从当前旅游经济运行情况来看，在"515战略"引导下，旅游行业发展向旅游大众交出了一份满意的答卷。

2015年，我国旅游业逆势上扬，呈现旅游消费和投资两旺的良好态势。旅游消费总额创历史新高,旅游投资继续保持高速增长,入境旅游热度继续回升。数据显示,2015 年我国国内旅游突破 40 亿人次,旅游收入超过 4 万亿元人民币,出境旅游 1.2 亿人次。国内旅游、出境旅游人次和国内旅游消费、境外旅游消费均列世界第一。根据世界经济论坛《旅游业竞争力报告》,中国全球旅游竞争力由 2012 年的 45 位升至第 17 位。世界旅游业理事会测算:中国旅游产业对 GDP 综合贡献率达 10.1%,超过教育、银行、汽车产业。根据国家信息中心旅游规划研究中心测算,旅游产业对 GDP 综合贡献率达 10.1%,中国旅游就业人数占总就业人数的 10.2%。2015 年,全国旅游投资继续保持稳定增长的态势,预计全年旅游直接投资将达到 1 万亿元,我国旅游投资将正式步入万亿元时代。全国年旅游投资同比增长超过 25%,比第三产业投资增速、全国固定资产投资增速都高 15 个百分点。国内旅游消费增长超过 15%,比社会消费品零售总额增速高 5 个百分点。全国通过发展旅游带动 10% 以上贫困人口脱贫,通过发展旅游年脱贫人数达 200 万人以上。在国内经济增长放缓的背景下,我国旅游经济在"515 战略"引领下保持较快速度增长,市场和产业两旺,旅游业已成为促进经济增长、扩大消费供给的重要动力。

2015 年中国旅游业的精彩,不仅仅是数据和创新举措,更在于打开了新格局,在以下几个方面实现了新突破。

一是影响力空前提升。这里的影响力包括对社会影响力、对领导的影响力,也包括对世界的影响力,真正形成了与世界旅游大国地位相称的国际影响力,与大众化旅游发展相适应的社会影响力,与战略性支柱产业相称的决策影响力。一年来,党中央、国务院高度重视旅游业发展,总书记、总理多次高规格出席旅游活动,党中央、国务院领导下达重要批示 50 多次,这种局面前所未有。各省市自治区主要领导的批示数量大幅增加。"旅游厕所革命""旅游+"等都影响了世界旅游,今后连续三年将有三个世界性旅游大会在中国召开就是充分的证明。

二是引领能力空前提升。对全国旅游工作的引领,各地都围绕"515 战略"谋划旅游发展,发挥了国家在旅游发展中的引领作用;对相关工作的引领,"515 战略"实施中体现了很强的主体意识,由于主动作为,极大提升了主导能力;对新闻舆论和社会的引领,这一年工作都能提前处理、提前发声;对理论研究的引领,提出了许多理论认识问题,受到学界的广泛关注和讨论;对企业发展的引领,互动性增强。

三是执行能力空前提升。国家旅游局将"515战略"分解为近200项工作,各地层层分解,做到每个任务有督查有落实。以产业促进为例,召开了旅游产业促进座谈会、旅游+互联网大会、援疆旅游工作会、乡村旅游发展与旅游扶贫大会等会议,出台了系列针对性的配套文件和政策;以市场秩序治理为例,部署开展"秩序""治黑""清网""督查""规范"等专项行动,20多个工作组赴12个省区市开展不合理低价专项检查及重点投诉举报案件的督查督办。

四是统筹能力空前提升。敢于担当,敢于牵头,大大提升旅游系统的统筹能力,探索了一种以问题切入,从一些很小却很关键的环节入手,一抓到底地推进执行的行动策略,形成了引爆效应,找到了许多杠杆点,形成了很好的突破作用。在重拳出击旅游市场秩序治理、奋力开拓旅游产业、创新推进旅游新闻宣传、开拓旅游外交等方面,都找到了工作的切入口和杠杆点,破解难题形成了引爆效应,达成了共识,形成了合力,形成了共振效应。

五是精神动力空前提升。2015年中国旅游人的行业自信、产业自信、事业自信全面彰显,焕发出奉献精神、担当精神、创新精神。

2015年的中国旅游业改革发展如火如荼,厕所革命、旅游扶贫、文明旅游、市场监管、旅游外交……仔细梳理一年来旅游发展的脉络,"515战略"作为贯穿始终的主线从未动摇。

(二)"厕所革命"——加速推进旅游公共服务建设

习近平总书记指出:"旅游是传播文明、交流文化、增进友谊的桥梁,是人民生活水平提高的一个重要指标。"而厕所是文明的重要窗口,是旅游过程中必不可少的基本要素,是一个国家和地区文明程度的重要体现。改革开放以来,我国创造了举世公认的经济高速增长奇迹,但是社会发展仍有许多短板。在我国旅游领域,厕所脏、乱、差、少、偏,是人民群众和广大游客反映最强烈的问题,是社会公共服务体系和旅游过程中的最薄弱环节。我们要从人民群众最关注的具体事情抓起，从广大游客反映最强烈的问题抓起。

国家旅游局开展厕所革命行动，是现代旅游业发展的客观要求，也是落实"515战略"的关键抓手。2015年春节过后的第一个工作日，国家旅游局就在桂林召开了旅游厕所革命动员会，李金早局长做了重要讲话。

随着旅游"515战略"的实施，我国"厕所革命"开展已经十月有余，全国各地的厕所建设如火如荼，截至目前，已经超额完成本年度计划。全国已开工建设旅游厕所超2万座，"以商建厕、以商养厕、以商管厕"的商厕结合新型管理运营模式正在鼓励和摸索中展开，新的《旅游厕所质量等级的划分与评定》标准也即将出台，国家旅游局"三年厕所行动计划"正在稳步推进。

对比年初提出的国家旅游局未来三年将协调各地新建旅游厕所3.3万座、改扩建2.4万座，实现全国旅游厕所"数量充足、干净无味、使用免费、管理有效"的目标，据国家旅游局综合协调司司长张吉林日前透露，"截至目前，各地已经完工和开工的旅游厕所就达到21 449座，占全年总计划的102%，预计全年的实际建成数量将大大超过计划目标。"

据国家旅游局相关消息称，全国所有省份以及新疆生产建设兵团均制订了厕所建设三年行动计划，并以各自的方式方法努力推进厕所建设。国家旅游局提供的《2015年各地旅游厕所建设计划工作进度表（截至9月30日）》也显示，已竣工厕所数量超过500座的省份是陕西、山东、吉林、内蒙古、湖北、山西、浙江、四川、辽宁、河南、重庆、广西，其中陕西已竣工厕所达到974座。已竣工厕所占全年计划比例排名前列的省区市是内蒙古、宁夏、上海、江苏、黑龙江、新疆、天津、山东等，其中内蒙古达到231.72%，超额完成计划。

（三）旅游市场整治——打造旅游公共服务法治体系

2015年3月5日，在第十二届全国人大三次会议上，国务院总理李克强在《政府工作报告》中提出"大力整顿和规范市场秩序，继续开展专项整治"。

国家旅游局局长李金早强调，长期以来，旅游市场秩序失范已成千夫所指。相当一部分地方旅游市场乱象丛生，欺行霸市、垄断市场、非法经营、欺客宰客、强迫消费，有的甚至有黑恶势力渗透。人民群众对这种治理乏力、正气不彰的状况极为不满。如果继续任其发展，无疑是我们的严重失职。

据了解，国家旅游局在 2015 年初就制订并落实了《依法治理旅游市场秩序三年行动方案（2015 年）》。该《方案》强调，2015 年重点组织开展"秩序""治黑""清网""督查""规范"5 个专项行动。

为严厉打击旅游活动中欺骗、强制购物等违法违规经营行为，营造规范有序旅游市场环境，提升旅游服务品质和游客满意度，国家旅游局于 9 月 30 日发布了《关于打击旅游活动中"欺骗、强制购物行为"的意见》，明确"欺骗、强制旅游购物"行为认定和处罚标准。旅行社未经旅游者书面同意安排购物，旅行社、导游领队对旅游者进行人身威胁恐吓等强迫旅游者购物等 8 种行为均被认定为欺骗、强制旅游购物；国家旅游局还发布了《国家旅游局关于打击组织"不合理低价游"的意见》，确定"不合理低价"认定和处罚处理标准；并且开通了假日旅游投诉受理电话。旅游者可拨打"12301"进行投诉并查询投诉处理情况。

2015 年在国家旅游局的整体部署和大力推动下，全国各级旅游主管部门积极行动起来，打出了一套整治组合拳：组建旅游警察队伍、旅游质量监督志愿者队伍；印发《旅游经营服务不良信息管理办法（试行）》；首次对 5A 级景区摘牌，取消 7 家饭店五星级资格；对重点地区进行督办、对游客投诉案件进行重点督办，定期向社会通报督办及处理结果……全国各级旅游系统共同向"不合理低价"这个"百病之源"宣战，打击"不合理低价、零负团费及强制购物"等严重扰乱旅游市场秩序行为，效果明显。

毋庸置疑，旅游市场秩序是衡量地区旅游发展水平的首要标准。加快旅游业发展当然是重要目标，但市场秩序不好，游客感受不佳，社会反响很差，速度再快也不能说成功。在市场秩序整治过程中，必须强化法治意识和规则意识，坚持依法兴旅、依法治旅。防止"劣币驱逐良币"，让优秀旅游企业脱颖而出，让不法企业得到应有的惩罚。

(四) 文明旅游——塑造公民良好国际形象

随着国人出游次数的增多、见识的增长，游客文明素养得到普遍提升，但是部分游客不文明现象却屡禁不止。比如，一些游客在公众场合不遵守礼仪、不讲卫生、大声喧哗、乱涂乱画、过度维权等不文明行为还时有发生；在埃及神庙乱刻乱画、在境内外机场过度维权、在亚洲航空飞机上泼面以及近期陆续发生的强开飞机机舱安全门事件，在境内外引起广泛关注，使中国游客在国际社会中留下了极坏的印象，旅游文明建设迫在眉睫。

"515战略"提出，当前重在惩戒旅游不文明行为，紧紧抓住典型案例，发挥警示教育作用。从最恶劣事件抓起，通过惩治旅游不文明行为，达到弘扬文明旅游的目的。正如李金早提出的，推动文明旅游工作要"两手抓"，一方面加强正面引导，做好正面宣传；另一方面强化对不文明游客的监管，加大对不文明行为的曝光力度，让不文明游客"长记性"。

正是在这一背景下，国家旅游局和中国民用航空局两部门联手整治不文明乘机和不文明旅游行为。2015年4月，国家旅游局率先制定实施《游客不文明行为记录管理暂行办法》，加大对不文明行为的惩戒力度。同时，与航空公司、旅行社、旅游饭店等涉旅企业联动，形成游客旅游不文明信息通报机制。"游客不文明行为记录"形成后，在必要时，旅游主管部门将向公安、海关、边检、交通、人民银行征信机构等部门通报。下一步，还将指导行业协会自行建立游客不文明行为记录机制，并在会员单位、相关行业协会之间对游客不文明行为进行通报，起到教育警示作用。

2015年5月4日，国家旅游局公布了首批游客不文明行为记录名单。国家旅游局在官网首页专门开设"游客不文明行为记录"专题页面，首批公布了亚航事件张艳、王声，云南"开舱门"事件周跃，攀爬红军雕塑照相事件李文春等4人的不文明行为记录信息。截至2015年12月17日，国家旅游局对社会公布了4批共计16人的全国游客不文明行为记录。

"游客不文明行为记录"公布后被媒体一再传播、曝光，此举得到社会舆论的广泛支持和好评。该办法出台后，地方政府也纷纷制定实施意见，逐级采集报送游客不文明行为,建立游客不文明行为档案。正是有了国家旅游局的"破冰一击",整个社会层面健全的公民旅游文明信用记录机制开始逐步建立。

二、产业动态

(一)旅游投资——新常态下经济增长新引擎

近年来,国家和有关部门出台了一系列促进旅游消费和投资的文件和法规,对推动旅游经济持续较快发展,发挥了积极作用。2015年在中国经济发展放缓的背景下我国旅游业逆势上扬,呈现旅游消费和投资两旺的良好态势。

从投资看,2015年,全国旅游投资继续保持稳定增长的态势,预计全年旅游直接投资将达到1万亿元,我国旅游投资将正式步入万亿元时代。全国年旅游投资同比增长超过25%,比第三产业投资增速、全国固定资产投资增速都高15个百分点。根据国家信息中心旅游规划研究中心测算,旅游产业对GDP综合贡献率达10.3%,中国旅游就业人数占总就业人数的10.2%。在投资增长乏力、新的消费热点不多、稳增长难度加大的情况下,旅游消费总额创历史新高,旅游投资继续保持高速增长,旅游业作为促进经济增长的新动力和扩大内需新增长点的优势进一步显现。

但是,伴随着我国经济社会发展,城乡居民消费升级,旅游需求快速发展,我国旅游发展还面临一些比较突出的瓶颈。如旅游供需矛盾突出,呈现供不应求的状况。节假日尤其是"黄金周",到处人满为患,甚至出现大面积长时间拥堵的状况。同时,不少地方存在旺季和淡季不均的矛盾。这主要是节假日安排不够合理,造成了旅游"扎堆"现象。其次,旅游基础设施投入不足、满足不了日益增长的旅游需求,突出表现为:老的景区容量有限,新的景区开发不够,使得游人过于集中于一些著名景区。道路、交通、水电等基础设施建设滞后,旅游公共服务设施短缺,特别是旅游厕所、停车场、汽车营地、游客服务中心等,都跟不上旅游发展需要。最后,缺乏相应的保障措施和条件,潜在的旅游需求难以转化为现实的旅游消费。一些重要的旅游市场群体,如青少年和老年旅游消费还处在起步阶段。与周边国家相比，国内旅游交通、住宿和部分景区门票价格比较高，抑制或挤出了部分国内旅游消费。一些市场需求旺、消费潜力大的新产品新业态，如乡村旅游、自驾车房车旅游、邮轮旅游等，缺乏必要的基础设施和配套设施。

针对上述矛盾和问题，为充分挖掘旅游投资和旅游消费增长潜力，《关于进一步促进旅游投资和消费的若干意见》（以下简称《意见》）提出了6个方面、26条具体政策措施，该文件对推进旅游业持续健康发展，促进稳增长、调结构、扩就业具有重要的里程碑意义。

《意见》提出6方面、26条具体措施。一是实施旅游基础设施提升计划，改善旅游消费环境。着力改善旅游消费软环境，完善城市旅游咨询中心和集散中心，加强连通景区道路和停车场建设，加强中西部地区旅游支线机场建设，大力推进旅游厕所建设。二是实施旅游投资促进计划，新辟旅游消费市场。加快自驾车房车营地建设，推进邮轮旅游产业发展，培育发展游艇旅游大众消费市场，大力发展特色旅游城镇，大力开发休闲度假旅游产品，大力发展旅游装备制造业，积极发展"互联网＋旅游"。三是实施旅游消费促进计划，培育新的消费热点。丰富提升特色旅游商品，积极发展老年旅游，支持研学旅行发展，积极发展中医药健康旅游。四是实施乡村旅游提升计划，开拓旅游消费空间。坚持乡村旅游个性化、特色化发展方向，完善休闲农业和乡村旅游配套设施，开展百万乡村旅游创客活动，大力推进乡村旅游扶贫。五是优化休假安排，激发旅游消费需求。落实职工带薪休假制度，鼓励错峰休假，鼓励弹性作息。六是加大改革创新力度，促进旅游投资消费持续增长。加大政府支持力度，落实差别化旅游业用地用海用岛政策，拓展旅游企业融资渠道。

（二）"旅游＋互联网"——推动旅游产业转型升级

2015年9月16日，国家旅游局下发《关于实施"旅游＋互联网"行动计划的通知》（征求意见稿）（以下简称《通知》）。《通知》指出，旅游业是国民经济的综合性产业，是拉动经济增长的重要动力。以互联网为代表的全球新一轮科技革命正在深刻改变着世界经济发展和人们的生产生活，给全球旅游业发展正带来全新变革，旅游与互联网的深度融合发展已经成为不可阻挡的时代潮流。

《通知》明确指出，到2020年，旅游业各领域与互联网达到全面融合，互联网成为我国旅游业创新发展的主要动力和重要支撑，网络化、智能化、协同化国家智慧旅游公平服务平台基本形成；在线旅游投资占全国旅游直接投资的15%，在线旅游消费支出占国民旅游消费支出的20%。未来将会有哪些重要行动计划呢？

推进旅游区域互联网基础设施建设。加快推进机场、车站、码头、宾馆饭店、景区景点、旅游购物店、主要乡村旅游点等旅游区域及重点旅游线路的无线网络、3G/4G等基础设施的覆盖，保障"旅游+互联网"基础条件。到2020年，实现3A级以上旅游景区和3星级以上宾馆无线网络全覆盖。推动旅游相关信息互动终端等设备体系建设，在机场、车站、码头、宾馆饭店、景区景点、旅游购物店、游客集散中心等主要旅游场所提供PC、平板、触控屏幕、SOS电话等旅游信息互动终端，使旅游者更方便地接入和使用互联网信息服务及在线互动。

推动旅游物联网设施建设。到2020年，全国所有旅游大巴、旅游船和4A级以上旅游景区的人流集中区、环境敏感区、旅游危险设施和地带，实现视频监控、人流监控、位置监控、环境监测等设施的合理布设，将旅游服务、客流疏导、安全监管纳入互联网范畴。

支持在线旅游创业创新。鼓励各类创新主体充分利用互联网，开展以旅游需求为导向的在线旅游创业创新。支持旅游创新平台、创客空间、创新基地等旅游新型众创空间发展。鼓励有条件的地区建立"旅游+互联网"创业园区，给予资金和政策支持，国家旅游局每年认定一批国家级"旅游+互联网"创客基地，推出一批国家级创客示范项目。

大力发展在线旅游新业态。支持企业利用互联网平台，整合私家车、闲置房产等社会资源，规范发展在线旅游租车和在线度假租赁等新业态。创新发展在线旅游购物和餐饮服务平台，积极推广"线上下单、线下购物"的在线旅游购物模式和手机餐厅服务模式。积极推动在线旅游平台企业的发展壮大，整合上下游及平行企业资源、要素和技术，推动"旅游+互联网"的跨界融合。

推动"旅游+互联网"投融资创新。大力推广众筹、PPP等投融资模式,引导社会资本介入"旅游+互联网"领域,加快"旅游+互联网"创新发展。鼓励旅游企业和互联网企业通过战略投资等市场化方式融合发展,构建线上与线下相结合、品牌和投资相结合的发展模式。

开展智慧旅游景区建设。出台智慧旅游景区标准。到2018年,推动全国所有5A级景区建设成为智慧旅游景区。到2020年,推动全国所有4A级景区实现免费Wi-Fi、智能导游、电子讲解、在线预订、信息推送等功能全覆盖。

推动智慧旅游乡村建设。运用互联网和移动互联网,全面提升乡村旅游的管理、服务、营销水平,积极支持社会资本和企业发展乡村旅游电子商务平台,推动更多优质农副土特产品实现电子商务平台交易,带动农民增收和脱贫致富。支持有条件的地方通过乡村旅游APP、微信等网络新媒体手段宣传推广乡村旅游特色产品。支持有条件的贫困村发展成为智慧旅游示范村。鼓励各地建设集咨询、展示、预订、交易于一身的智慧旅游乡村服务平台。

完善智慧旅游公共服务体系。加大旅游公共信息的互联网采集和运用,推动旅游公共信息数据向社会开放。建设好国家智慧旅游公共服务平台,建设统一受理、分级处理的旅游投诉处置平台,健全旅游公共产品和设施、旅游投诉和旅游救援等公共信息网络查询服务。运用互联网,建立旅游诚信信息交流平台,加强对旅游企业信用的监管。运用互联网开展文明旅游的引导工作,定期发布游客不文明旅游行为记录。积极运用互联网开展旅游应急救援。

创新旅游网络营销模式。积极发展旅游电子商务平台,鼓励各地利用互联网开展旅游营销信息发布、旅游产品在线预订和交易支付。支持旅游目的地利用旅游大数据挖掘分析手段,建立广播、电视、报纸、多媒体等传统渠道和移动互联网、微博、微信等新媒体渠道相结合的旅游目的地营销体系。支持旅游企业与OTA平台合作,利用平台优势,扩大企业产品销售规模。鼓励旅游企业加强与门户网站、搜索引擎、UGC旅游网站等的合作,进行产品和服务营销。鼓励旅游企业通过微博、微信等网络新媒体方式,培育黏性客户,提升企业精准营销能力,激发市场消费需求。

(三) A 级景区动态退出机制——提升旅游服务质量

为贯彻落实《国务院办公厅关于进一步促进旅游投资和消费的若干意见》（国办发〔2015〕62 号）和旅游业发展"515 战略"，依法整治旅游景区门票价格、环境卫生、管理服务中存在的突出问题，净化旅游消费环境，2015 年国庆假日期间，全国旅游资源规划开发质量评定委员会对旅游投诉较多的部分 5A 级景区开展了服务质量暗访检查。

根据检查结果，依据《旅游景区质量等级管理办法》，全国旅游资源规划开发质量评定委员会决定，取消河北省秦皇岛市山海关景区 5A 级资质；对云南省丽江市丽江古城景区、广东省佛山市西樵山景区、江苏省南通市濠河景区、浙江省杭州市西溪湿地旅游区、上海市东方明珠广播电视塔、北京市明十三陵景区等 6 家 5A 级景区给予严重警告，并公开通报，给予 6 个月时间整改。

国家旅游局规划财务司负责人介绍，山海关景区主要问题是价格欺诈、强迫游客在功德箱捐款现象普遍，以及老龙头景区擅自更改门票价格的问题。另外还有环境卫生脏乱、设施破损普遍、服务质量下降严重等问题。"依据国家 5A 级景区标准和评分细则，山海关景区已不具备 5A 级景区条件，并存在严重服务质量问题，全国旅游资源规划开发质量评定委员会决定取消其国家 5A 级景区资质。"

被严重警告的丽江古城景区等 6 家 5A 级旅游景区也存在较为突出的服务和管理问题。

通报材料显示，丽江古城景区存在欺客宰客情况严重、出租车普遍不打表、商户欺客行为、餐饮场所等价格虚高、多数商铺无明码标价等问题；西樵山景区存在交通组织管理不力、外部交通衔接缺失、内部人车混行、停车场秩序混乱等问题；濠河景区安全隐患突出，游船及多处登船处没有安全提示，临水处没有专职安全人员和巡查人员等问题突出；西溪湿地旅游区存在安全隐患明显、多处人流集中处无警示标识、游船安全设施不到位等问题；东方明珠广播电视塔主要存在安全隐患明显、高峰期客流管控不到位、游客上下电梯秩序混乱、安全警示不足等问题；明十三陵景区则存在外围欺客宰客现象严重、无明码标价、计量不准确、同类商品不同价等问题。

2015年以来，国家旅游局对景区整治重拳出击，打破A级评定"终身制"的坚冰，将"激活"景区动态化管理和A级景区退出机制，对提升游客体验、规范市场秩序等大有益处。"此次取消1家5A级景区资质和严重警告多家5A级景区是国家旅游局对旅游市场秩序问题的主动作为和积极回应，也是推动地方政府及相关部门提升景区服务管理的有力抓手和重要举措。"

地方政府也开始加强对旅游景区旅游秩序监管力度，如湖南省旅游局对去年10月以来在全省开展的"两打击、一整治"专项行动（打击组织不合理低价游、打击欺骗强制购物行为和旅游景区环境整治、质量提升）及全省旅游安全隐患大排查行动情况进行通报。5家景区被取消资质，10家景区被警告或严重警告。河南省旅游局通报2015年全省A级旅游景区暗访检查情况，13家景区被通报批评或降级摘牌；安徽省旅游局公布了首批接受处理的旅游景区名单，有6家景区被摘牌，7家被警告。

旅游景区是旅游产业发展的重要支撑。国家旅游局对A级景区实行动态退出机制，将倒逼旅游景区不断改进服务质量，不断提高景区品质，为促进旅游业转型升级、努力把旅游业培育成为人民群众更加满意的现代化服务业奠定良好基础。

（四）文化创意产品开发迎来新机遇

2015年5月19日，国务院办公厅转发文化部、国家发展改革委、财政部、国家文物局等部门《关于推动文化文物单位文化创意产品开发的若干意见》（下文简称《意见》），对推动博物馆、美术馆、图书馆等文化文物单位文化创意产品开发工作作出部署。

《意见》指出，深入发掘文化文物单位馆藏文化资源，推动文化创意产品开发，对弘扬中华优秀传统文化、传承中华文明、推进经济社会协调发展、具有重要意义。推动文化创意产品开发，要始终把社会效益放在首位，在履行好公益服务职能、保护好国家文物、做强主业的前提下，调动文化文物单位积极性，鼓励和引导社会力量参与，充分运用创意和科技手段，满足广大人民群众日益增长、不断升级和个性化的物质及精神文化需求。

《意见》提出，要充分调动文化文物单位积极性，发挥各类市场主体作用，加强文化资源梳理与共享，提升文化创意产品开发水平，完善文化创意产品营销体系，加强文化创意品牌建设和保护，促进文化创意产品开发的跨界融合。强调加强文化资源开放和共享，鼓励文化文物单位与社会力量深度合作，鼓励社会力量参与文化创意产品研发、生产和经营。

《意见》指出，要推动体制机制创新，落实完善支持政策，选择部分单位开展试点，在开发模式、收入分配和激励机制等方面进行探索。明确鼓励具备条件的文化文物单位采取合作、授权、独立开发等方式开展文化创意产品开发。明确文化文物事业单位文化创意产品开发取得的事业收入、经营收入等按规定纳入本单位预算统一管理，可用于公益文化服务、藏品征集、继续投入文化创意产品开发、对符合规定的人员予以绩效奖励等。大力培养创意研发、营销推广等人才，畅通国有和民营、事业单位和企业之间人才流动渠道。进一步完善资金投入方式，加大中央和地方各级财政对文化创意产品开发工作的支持力度。按照试点先行、逐步推进的原则，在国家级、部分省级和副省级博物馆、美术馆、图书馆开展试点，可在开办经营性企业、将单位绩效工资总量核定与开发业绩挂钩等方面进行试验和探索。

《意见》强调，各地有关部门要加强对推动文化创意产品开发工作的组织实施，确保各项任务措施落到实处。注意加强规范引导，防止一哄而上、盲目发展。强化开发过程中的文物保护和资产管理，防止破坏文物，杜绝文物和其他国有资产流失。

（五）首批国家级旅游度假区诞生

为认真贯彻落实《国民旅游休闲纲要（2013—2020年）》《国务院关于促进旅游业改革发展的若干意见》（国发〔2014〕31号）和《国务院办公厅关于进一步促进旅游投资和消费的若干意见》（国办发〔2015〕62号），适应我国居民休闲度假旅游需求快速发展的需要，为人民群众积极营造有效的休闲度假空间，提供多样化、高质量的休闲度假旅游产品，为落实职工带薪休假制度创造更为有利的条件，国家旅游局近年先后制定了《旅游度假区等级划分》国家标准（GB/T26358 -

2010)、《旅游度假区等级划分细则》和《旅游度假区等级管理办法》。2015年上半年，国家旅游局正式下发了《关于开展国家级旅游度假区评定工作的通知》。各省区市和旅游度假区高度重视，积极参与国家级旅游度假区创建工作。国家旅游局先后收到60多家度假区创建国家级旅游度假区的申请。经全国旅游资源规划开发质量评定委员会组织专家对照国家级度假区的标准和评定细则进行现场检查、集体听取创建工作成果汇报，最后报经国家旅游局批准，确定以下17家首批国家级旅游度假区：吉林省长白山旅游度假区、江苏省汤山温泉旅游度假区、江苏省天目湖旅游度假区、江苏省阳澄湖半岛旅游度假区、浙江省东钱湖旅游度假区、浙江省太湖旅游度假区、浙江省湘湖旅游度假区、山东省凤凰岛旅游度假区、山东省海阳旅游度假区、河南省尧山温泉旅游度假区、湖北省武当太极湖旅游度假区、湖南省灰汤温泉旅游度假区、广东省东部华侨城旅游度假区、重庆市仙女山旅游度假区、四川省邛海旅游度假区、云南省阳宗海旅游度假区、云南省西双版纳旅游度假区等。

率先获得国家级旅游度假区称号的17家度假区分布于11个省市，大部分位于东、中部地区，江苏、浙江两省各有三家，山东、云南各有两家，吉林、河南、湖北、湖南、四川、广东和重庆市则各有一家。从景区自然条件看，山水各具其一，或是兼而有之，是这些景区的共同特点。此外，据国家旅游局相关负责人介绍，这些旅游度假区在住宿完善、产品差异化、体验性等方面都有各自特色。国家旅游局在评定这个金字招牌时设置了极高的门槛：面积不少于8平方公里，具备至少3个国际品牌或国际水准的度假酒店，过夜游客至少有1/3停留3夜以上或2/3停留2夜以上。

表5-1　2015年首批国家级旅游度假区名单

省（区、市）	旅游度假区名称
重庆市	仙女山旅游度假区
浙江省	东钱湖旅游度假区
浙江省	太湖旅游度假区

续表

省（区、市）	旅游度假区名称
浙江省	湘湖旅游度假区
云南省	阳宗海旅游度假区
云南省	西双版纳旅游度假区
四川省	邛海旅游度假区
山东省	凤凰岛旅游度假区
山东省	海阳旅游度假区
江苏省	汤山温泉旅游度假区
江苏省	天目湖旅游度假区
江苏省	阳澄湖半岛旅游度假区
吉林省	长白山旅游度假区
湖南省	灰汤温泉旅游度假区
湖北省	武当太极湖旅游度假区
河南省	尧山温泉旅游度假区
广东省	东部华侨城旅游度假区

创建国家级旅游度假区是促进和引领旅游行业由观光型向休闲度假型转变的一项重要工作，对我国旅游产品体系的建设和完善具有重要意义，对我国旅游业今后长期发展有深远的影响。国家级旅游度假区称号是我国旅游行业继5A级景区之后又一金字招牌，势必成为我国旅游休闲度假产业的新名片。

第六章
景区新业态及案例研究

景区作为旅游业的核心资源,成为创业创新的重要发力领域,围绕景区要素而兴起的一系列新业态、衍生业态不断涌现。

一、开放式景区

进入21世纪的第二个十年,旅游已成为中国经济强有力的引擎。中国地大物博,旅游资源丰富,旅游景区众多,旅游资源形态各异。这给游客提供了更多的选择。在旅游产业中,景区的旅游吸引物是支撑旅游六大要素"行、游、住、食、娱、购"的核心。景区的吸引力越强,游客的到访率会越高,由此衍生出的交通、住宿、美食、娱乐及购物的需求会随之增强。所以景区对旅游业及其相关产业的发展具有很大的引领作用。对于游客而言,是否选择出行或者具体去哪个景区旅游,除了旅游吸引物之外,交通的便利程度、气候、文化还有景区门票等因素都会影响游客的选择。特别是门票已经成为影响游客选择的重要因素。从景区运营方面看,旅游景区的门票价格是调节旅游季节差、限制游客流量的重要方式之一;从中国消费者旅游支出的总体情况分析,景区景点的门票价格作为旅游总体价格的一个重要组成部分,在相当程度上左右着居民的出游选择。旅游景区景点的门票价格是否合理,在影响居民出游选择和满意程度的同时,也进一步牵动经营者的经济利益,并最终决定他们的盈利空间。基于此,门票价格问题也成为旅游景区建设和管理中较为敏感的问题。

从物品使用和消费的排他性与竞争性角度分析,旅游景区可被划分为公共资源型旅游景区和非公共资源型旅游景区。公共资源型旅游景区作为公共物品,其所有权与使用权皆应属于公众。也正因此,社会上有了免费开放公共资源型旅游景区的强烈呼声。然而，旅游景区的免费开放问题牵涉到政策法规、经济、社会和环境等多方面，不能简单地一刀切盲目为之。为了更客观地看待公共资源型旅游景区的免费开放问题，为健康有序地开展这项工作提供指导，本文以上海外滩为例，对我国公共资源型旅游景区的免费开放问题展开研究。

（一）上海外滩概况

在一百五十年前，上海仅是江南沿海的一个中等县城，黄浦江是流经该县城的最大河流。由于黄浦江通江接海，受到潮汐影响，平均每天两次有明显的涨潮和退潮现象，退潮时，江水聚滞在河床中心，露出一大片滩地。涨潮时，江水又没过河滩。在上海的地名习惯用词中，一般把河流的上游叫作"里"，河流的下游叫作"外"，进入上海县城附近的黄浦江在陆家浜出口处形成一个急弯，于是上海人就以陆家浜为界，其上游称为"里黄浦"，下游称为"外黄浦"。里黄浦的河滩叫作"里黄浦滩"，简称"里滩"，外黄浦的滩地就叫作"外黄浦滩"，简称"外滩"。白渡桥至金陵东路的一段黄浦滩，因位于上海县城乡之外的浦滩，被习称为"外滩"。它是上海都市的最初轮廓线，曾被称作黄浦路、扬子路、黄浦滩路，1945年改名为中山东一路。外滩原是一片荒芜的浅滩，沿滩有一条狭窄的泥路，供船夫拉纤时行走。滩的西边为农田，阡陌沟渠之间散布着星星点点的茅舍。清道光二十三年（1843年）英帝国主义在上海开辟租界前，首先划定外滩一带江面为其船只的"下锚地段"。1845年11月29日，通过《上海土地章程》把外滩以西的830亩土地划为英租界。此后，殖民当局便在李家庄建造英国领事馆（今外滩33号中国旅行社上海分社所在地）。不久，英国领事馆的南边沿黄浦江一线，陆续出现沙逊洋行、仁记洋行、宝成洋行、旗昌洋行、天长洋行等洋行。临黄浦江的纤道，1848年被改造成18米宽的马路，并在马路东侧建造码头，堆栈、本行和船厂。1854—1941年，出现十余家外资银行和中资银行，成为上海的金融中心，有"东方华尔街"之称。在19世纪后期，在被誉为上海的"财政街"或"东方华尔街"的外滩建立起的外资银行多了起来。因此，外滩成为鼓励财政投资的场所。由于外滩所赋有的历史价值，在外滩拥有一小块土地不仅仅是财富的标志，更是荣誉的标志。20世纪以来，由于建筑技术的发展和经济实力的增长，出现多层和高层楼宇，式样五花八门，诸如英国古典式、英国新古典式、英国文艺复兴式建筑——亚细亚大楼（原上海冶金设计院）、上海总会（今东风饭店）、汇丰大楼（原上海市人民政府大楼）、怡和大楼（今外贸局大楼）等，以及法国古典式、法国大住宅式、哥特式、巴洛克式、近代西方式、东印度式、折中主义式、中西掺合式建筑等，被誉为"万国建筑博览"。上海外滩曾经是西方列强在上海的政治、金融、商务和文化中心。当年各国的领事馆大都集中在这里，外滩也是国际金融资本在中国的大本营。此外，还有西方大商贾的高级俱乐部——上海总会、英商亚细亚火油公司大楼。现在我们见到的外滩大楼大都经过改建，但基本风格不变。1992 年国庆节前，又完成了外滩综合改造一期工程。现在的外滩防汛墙呈厢廊式，高 6.9 米，宽 15.4 米，可抵御千年一遇的潮水。厢内能停放 300 多辆汽车，厢面是绿化景点和沿江步行道。路面比先前拓宽一倍，有 8 快 2 慢 10 个车道。外滩历来是上海的旅游热点，除能观赏中外罕见的"万国建筑博览"外，还可领略外白渡桥与吴淞路闸桥的丰姿、黄浦公园的俊巧、防洪墙的设计匠心，以及大楼与江水交相辉映的胜景。浦江夜游更有一番情趣。加之这里交通发达、购物方便、历史掌故丰富、旅游设施完备，使人流连忘返。2014 年 4 月，上海外滩开始着手创建全国首个开放式 5A 级景区，着重以黄浦江自然景观、两岸"万国建筑"的人文历史景观，以及周边的旅游基础设施服务为主，将外滩独有的"江光楼景"更好地展现在游客面前。城市开放式景区在国内的发展才刚刚起步，在成长的过程中存在很多问题。本案例通过调研，挖掘出了外滩开放式景区的实践价值，并且对其在发展中遇到的瓶颈和问题提出了几点思考，旨在为城市开放式景区的健康发展提供智力支撑。

（二）外滩开放式景区的实践价值

1. **外滩已成为上海城市的一张名片**

上海作为国际化大都市，是国内外游客选择的热门旅游目的地之一。造访上海，开放式景区外滩是必去的地方。游客的观光带动了整个上海市区旅游业及相关产业的发展。同时，免费开放也提升了上海市的城市形象与知名度，提升了上海的城市品牌效应，有利于城市的可持续发展。对于上海而言，外滩是上海的典型代表之一，在一定意义上，它就是上海的一张名片，给上海的城市形象增添了迷人的魅力。

2. 提升了上海作为旅游目的地的附加值

对于前往上海的游客而言，外滩是免费景区，而且具备完善的旅游要素，加之其较为完善的配套设施诸如餐饮、娱乐等，这些设施和景区相得益彰，水乳交融。这些都极大地吸引了游客，是大多数游客的必选之地。大量慕名而来游客的涌入，又为该景区注入了人气，刺激了消费，使得外滩景区成为上海重要的旅游目的地之一。免费开放带来的客流增加也带动了景区商业经济的增长，而景区内土地、房租、不动产等价格也随之增长，提升了上海作为旅游目的地的附加值。

3. 外滩开放式景区实现了居民、游客和城市的共赢

开放式景区的特点就是完全开放，就景区本身而言就是一个缩小版的全域旅游。外滩的开放性决定了其本身既是一个景区也是一个大的社区，社区内的居民、单位等构成了景区生态的有机组成部分。外滩开放式景区居民的日常行为也是一道亮丽的风景。外滩开放式景区通过景区与社区共建共享，首先为当地社区居民打造了宜居的自然环境和人文环境；其次通过旅游服务为当地居民提供了更多的就业岗位，居民凭借自己的特长及优势为游客提供高品质的服务，提升了游客的旅游感知价值。开放式景区会吸引不同层次和需求的游客前来观光，游客多元化需要服务多元化，这会带动外滩区域甚至上海的餐饮、酒店、娱乐及购物的发展，使得整个城市也因此收益，从而实现了居民、游客和城市的共赢。

（三）开放式景区外滩模式的几点思考

1. 完善景区服务，提升游客忠诚度

开放式的运作模式可以吸引更多的游客和居民进入景区，这些游客和居民通过旅游体验来感知旅游价值。同时由于景区开放、游客增加，对旅游服务质量造成了很大压力。旅游服务质量与感知质量具有很强的正相关关系，感知质量正向影响感知价值，感知价值直接正向影响游客满意度，游客满意度又与游客忠诚度密不可分。所以外滩景区应进一步完善景区服务，其中包括适度增加商业网点和平民化的娱乐

休闲设施,加大景区的文明、卫生、安全等工作力度,及时更新损坏的指示牌及基础设施,增加公共无线网络的覆盖等。通过完善景区服务,增强游客的满意度,最终提升游客的忠诚度。

2. 加强对景区承载力的控制

当前,国内旅游业正发生着深刻的变革,具体表现为从景点旅游到全域旅游的变迁,开放式景区成为大势所趋。但开放式景区所带来的弊端亟待解决。从景区作为公共物品的角度而言,免费开放使得尽可能多的消费者能够消费公共景区资源,但同时也存在过度使用的风险与拥挤效应。对于外滩而言,大量游客慕名而来与景区承载力有限的矛盾是当前存在的主要矛盾。2014年12月31日的跨年踩踏事件引起了社会各界的广泛关注,更引起了旅游行业的高度警惕。2015年1月4日,国家旅游局下发《景区最大承载量核定导则》,要求各大景区核算出游客最大承载量,并制定相关游客流量控制预案。最大承载量是指,在一定时间条件下,在保障景区内每个景点旅游者人身安全和旅游资源环境安全的前提下,景区能够容纳的最大的旅游者数量。开放式景区相对于封闭式景区而言,客流量更难控制。一方面由于不收门票,会吸引更多的游客前往观光;另一方面,由于信息不对称,景区会达到"井喷"和"爆棚"程度,游客往往难以全面地提前知悉。游客数量超过景区的承载力,会导致服务质量下降,影响游客的游览体验舒适度,甚至带来严重的安全隐患,从而影响景区甚至城市的形象和口碑。

3. 通过智慧城市建设构建智慧旅游刻不容缓

上海作为国际化大都市,是重要的旅游目的地之一,每年都有大量的国内外游客慕名前往。但是2014年跨年事件给我们留下了深刻的教训。为了能保障游客旅游的人身安全及享受高质量的旅游体验,上海应该通过智慧旅游城市建设构建预警指示体系。运用互联网、大数据、云计算等先进设备及技术,主动感知、获取、整合各类旅游信息和资源,通过对这些数据、信息的分析,进行科学的顶层设计、合理规划,实现旅游服务、管理、营销、游客感知的充分智能化。立足智慧旅游的建设,实现大上海旅游信息共享、统一指挥,重点掌握热点景区游客的动态,通过智能高效的管理服务打造大上海温馨的体验之旅。

二、旅游综合体

（一）旅游综合体概述

"旅游综合体"，有时也称为"休闲综合体"或"度假综合体"，是指基于一定的旅游资源，以旅游休闲为导向进行土地综合开发而形成的，以互动发展的度假酒店集群、综合休闲项目、休闲地产社区为核心功能构架，整体服务品质较高的旅游休闲聚集区。

近年来，我国房地产调控政策趋紧，房地产开发企业纷纷寻求转型，从商业地产转向旅游地产，尤其是大体量的旅游综合体开发格外受到青睐，我国旅游综合体开发呈现井喷状态。目前国内涉足旅游综合体的公司超过100家，在全国布局了上百个旅游综合体项目，南至海南岛，北到长白山，西至大漠边陲新疆，东沿海岸线蔓延。

1. 旅游综合体基本特征

尽管目前国内对旅游综合体没有一个十分明确而统一的概念定义，但是综合前人的研究成果并结合我国旅游综合体的发展实际，我们可以清楚地归纳出这个新兴事物的特征。

（1）以旅游功能为主导

旅游综合体不同于其他城市综合体的核心，即旅游综合体作为一个聚集复合了多项服务和功能的综合系统，其核心功能始终是"旅游"。

首先，旅游综合体的建设以优质的旅游资源为依托，在此基础上，再以更好地发展旅游、实现旅游者的需求为目的。例如长白山国际旅游综合体就是建立在优质的森林资源和雪域资源的基础上，上海徐家汇商业旅游综合体则是以徐汇源景区为主要依托而发展的。

其次，旅游综合体内部配套了酒店、餐饮、休闲、娱乐、康体等多种功能产品，可以高效地满足游客食住行游购娱会教等多方面的需求，但其最终目的依然是更好地发展和实现区域旅游功能。游客可以在旅游休闲的同时，进行商务洽谈、购物血拼、健康锻炼、娱乐放松，获得完美的旅游体验，这正是旅游综合体和传统的旅游目的地间的区别。

（2）空间连续性

在传统的旅游目的地内部，景点、宾馆、餐饮、会议等设施一般都是基于原有的城市建设和空间资源呈单点式布局状，各服务业态间的距离或长或短，没有统一设定，产业联系少，空间丰富度低，旅游者初来乍到也无法一一购买和体验。而在现代旅游综合体中，所有的服务功能空间和体量规模都是在开发前期通过市场调研和区域规划确定好的，所有的旅游功能配置将集中于同一特定的空间范围中，在空间上形成我中有你你中有我的格局，互相依存互相呼应互相补充。这样的复合和聚集大大提高了服务的效率，也大大增强了游客满意度。

（3）建设规划性

旅游综合体是在一定的地域范围内配置多项功能的服务和产品，那么如何在有限的空间内合理配置各种资源以达到整体高效运行实现效益最大化的目标？答案是必须在开发建设前进行科学合理的规划。建设和规划者需要对区域的资源条件、经济发展水平、区位交通、居民消费偏好等做一个详细的调研，然后在对所有的资料和背景都了然于心的基础上设计一个合理而有效的旅游综合体开发规划，内容包括如何确定主题突出特色、如何有效利用当地的优势资源、如何设计各种产品和项目、如何进行合理的空间布局等。规划必须合理可行，方能有效指导旅游综合体的建设和经营。

（4）功能复合性

旅游综合体内部根据一定比例配置了高星级酒店、餐饮设施、娱乐中心、购物商场、剧院、住宅社区等多种功能空间，这些功能板块并不是简单叠加，而是有机组合、紧密联系、价值互补，以形成高效高质的系统体系。这样的一个综合系统，比单一的旅游服务建筑具有更大的效能优势和更佳的旅游需求满足能力，服务功能间相互协同产生 1+1>2 的聚集效应，既为旅游者带来了更多旅游体验的便利，同时也大幅度降低了旅游成本，一举两得。

（5）服务高品质

与传统的旅游景点、旅游目的地、旅游街区相比，旅游综合体还有一个突出的特点，在于其提供的均为高品质的服务和产品。随着经济的不断发展，我国居民的收入水平越来越高，于是人们开始追求和注重生活品质：住宿必须卫生整洁，餐饮必须卫生可口，购物商品更关注质量而非价格，追求更多的休闲娱乐方式等。旅游综合体正是迎合这样的市场趋势，立足于优势的资源，建设优良的硬件设施，配备优秀的管理和服务团队，设计优质的旅游产品，建设完善的内部体制机制，致力于为游客提供高品质完美服务。

2. 我国旅游综合体的发展

旅游综合体作为新兴产物，在我国呈现出了蓬勃发展的势头，这和我国社会经济发展的大背景不无关系。

（1）我国旅游业转型进入"大休闲时代"

经过几十年的发展，我国经济水平不断提升，国民收入水平尤其是可支配收入水平得到了大大的提高。居民的旅游欲望和旅游行为逐年飞速增长，加上政策和投资环境的改善，促进了我国旅游产业从传统观光向休闲度假的转型过渡。根据国际规律，人均 GDP 达到 3000~5000 美元时，就将进入休闲度假旅游消费的爆发性增长期。此时人们不再仅仅满足于单纯的观光加上简单的住宿和餐饮，而是渴望更高品质的服务、更宽范围的功能和更深层次的体验。我国于 2010 年开始迈过人均 GDP 3000 美元的入门线，大休闲时代已经到来。旅游综合体融观光、休闲、度假、商务、娱乐、购物多种功能为一体，很好满足了这个时代旅游者的需求。

（2）政府大力支持"大旅游时代"的到来

总结几十年的发展，我国政府和相关部门越来越认识到旅游业的重要性。2009年底，党中央和国家机关 39 个部门联合起草的《国务院关于加快发展旅游业的意见》正式颁布，提出要把旅游业培育成为"国民经济的战略性支柱产业和人民群众更加满意的现代服务业",旅游业六十年来首次被正式纳入国家战略体系。2010年10月,《中共中央关于制定国民经济和社会发展第十二个五年规划的建议》明确指出"积极发展旅游业","把推动服务业大发展作为产业结构优化升级的战略重点"。2013年10日《旅游法》的正式施行更是表明了国家对旅游发展的全面重视。至此,旅游业的发展已经深度融入了我国国家战略体系,成为了我国国民经济的战略性支柱产业。中国已经驶入"大旅游时代"。而旅游综合体又是促进现代旅游业发展的一个重要力量,因此我国许多地方目前都在政府的大力支持下发展和建设旅游综合体。

3. 旅游综合体发展现状

近些年,不少地区政府都把建设旅游综合体项目作为近期地区项目开发的重点:2011年,绍兴市计划兴建的25个城市综合体就包括鲁迅故里旅游综合体、会稽山度假休闲综合体等多个旅游综合体项目;杭州市"十二五"旅游休闲业发展规划明确提出要以大型旅游综合体项目建设为抓手,发展会议会展、度假酒店、都市游憩、文化体验等类型旅游项目;2013年江西省《关于推进旅游强省建设的意见》提出积极培育和打造多元化、复合型旅游综合体项目,由省旅游主管部门每年筛选出5至10个旅游区域性开发、大型旅游综合体等建设项目列入省级重点项目进行调度和扶持。

各地大大小小的各类旅游综合体也如雨后春笋般涌现。2012年国际旅游地产专家评审委员会评选出23个"区域最佳旅游综合体"项目,包括启东海上威尼斯、大连御龙海湾、海南清水湾、梦云南海东方、赣州五龙客家风情园等,涵盖了长三角、珠三角、环渤海、西南和东北各个区域。2013年第三届中国旅游项目投资大会发布了中国旅游综合体TOP 10榜单,深圳东部华侨城、长白山国际度假区、杭州西溪湿地、三亚红树林度假区、澳门威尼斯人等知名大型综合体入选。更多的旅游综合体也在紧密筹建中。

4. 旅游综合体发展意义

一个成功的旅游综合体,对于提升城市品牌形象、提供更多就业岗位、推动产业转型升级都有巨大的作用。

(1) 提升城市品牌形象

成功运作的旅游综合体在依托丰富的旅游资源的基础上开发打造高品质全方位的服务和产品,可以充分迎合市场和游客的个性化需求,较传统的旅游景区和旅游目的地可以更好地提升游客满意度和美誉度,使游客高兴而来满意而归,对旅游综合体和所在城市都起到很好的宣传效果。如,一提西溪旅游综合体便想到杭州。通过建设具有独特吸引力的旅游综合体可以很好打响城市品牌,提升城市的形象。

(2) 促进就业,拉动地方经济增长

旅游综合体作为旅游业有机组成部分,自然也具备了旅游业的显著特征——对地方经济的拉动性和促进就业。从最初的前期选址、建设规划到中期的建设施工,到后期各个业态的运营和管理,旅游综合体的开发可以创造出众多的就业岗位,很好促进当地的就业问题,增加当地人民收入。同时吸引各方投资,创造 GDP 和税收,可以充分拉动地方的经济增长。

(3) 推动地方旅游产业转型升级

旅游综合体内部配置的娱乐、度假、商业、住宿、会展等多种功能空间互相紧密联系、综合互补,形成了较为完整的旅游产业链。在聚集了食、住、游、购、娱等旅游需求服务要素的同时,也将旅游产业发展所需的资源要素、资本要素、人才要素等多种运营要素融为一体,从而构成了一个完整的旅游产业发展群落。旅游综合体的发展会进一步吸引资本和人才的进入,而资本和人才在区域内的聚集也会反过来促进旅游综合体的发展。如此良性循环,带动地方旅游产业的转型升级。

(二) 文化旅游商业综合体——万达文化旅游城

旅游业作为政府大力支持的朝阳产业,近年来已经成为投资热点。我国旅游项目的综合性越来越强,大型化趋势也很明显,旅游综合体已经成为旅游投资项目的基本模式。2015 年 4 月 3 日,万达集团投资 530 亿元在成都的都江堰建设文化旅游综合体项目,这已是万达集团继武汉、长白山、西双版纳、哈尔滨、南昌、合肥、青岛、无锡、广州之后在全国建设的第 10 个大型文旅项目。

1. 万达文化旅游城产品分析

万达文化旅游城是一个集合了室内外主题公园、秀场、滑雪场、酒店群、万达城等复杂业态，融合了文化、旅游、商业以及高科技的文化旅游综合体。基于构成核心竞争力的"订单商业地产"模式，整合了包括商业地产、酒店、旅游、电影院线以及连锁百货在内的几大业务板块。

如此大规模的产品不再是简单的商业运营，而将成为一种城市运营。以旅游地产为载体，承接旗下商业、酒店、影视、百货和旅游度假业务，依托万达在地产行业的优势地位，谋划文化旅游全产业链模式。

（1）规模大、以建筑群组合的方式存在

从单体建筑到简单组合体，再到多样组合体，目前城市综合体的规模已经上升到百万平方米的量级（见表6-1）。但是，从武汉中央文化区的规划来看，更多是以建筑群组合的方式构成，这一点类似于上海世博会的功能分区。通过文化、旅游、商业、商务、居住等功能建筑群的组合，整个武汉中央文化区项目的占地面积达到了1.8平方千米，总建筑面积达到了340万平方米。通过这种组合，开发企业将规模开发的优势，运用到了新的高度。

表6-1　万达文旅项目建筑规模

项目	规模
长白山国际度假区	建设用地11.5平方千米
武汉中央文化区	总建筑面积340万平方米
西双版纳国际度假区	占地6平方千米
哈尔滨万达文化旅游城	总建筑面积90万平方米
南昌万达文化旅游城	475万平方米
青岛东方影都	540万平方米
合肥万达文化旅游城	90万平方米
无锡万达文化旅游城	120万平方米
广州万达文化旅游城	202万平方米

(2) 资金需求量大、投资门槛高

在过去的综合体项目中，多数项目的投资额在 40 亿～100 亿。而武汉中央文化区项目的总投资规模在 500 亿元，项目的投资门槛大幅提升（见表 6-2）。从竞争的角度来看，假如武汉中央文化区项目将会是未来综合体的发展方向，这对于参与者而言，门槛要求无疑是大幅提升了，对项目操盘者的融资能力、资金管理能力的要求也大幅提升。

表 6-2 万达文旅项目投资金额

项目	投资金额
长白山国际度假区	230 亿元
武汉中央文化区	500 亿元
西双版纳国际度假区	150 亿元
哈尔滨万达文化旅游城	200 亿元
南昌万达文化旅游城	近 400 亿元
青岛东方影都	500 亿元
合肥万达文化旅游城	300 亿元
无锡万达文化旅游城	超 300 亿元
广州万达文化旅游城	500 亿元

(3) 以文旅体验为核心

在过去的城市综合体项目中，一切规划和设计都是围绕购物中心进行的，购物中心为整个项目带来了人流，聚集了人气，是整个综合体项目的灵魂（见表 6-3）。而在武汉中央文化区项目规划中，购物中心的地位已经弱化了，更加强调的是"文化体验"的核心效应。万达在整个项目中，规划了"楚河汉街""汉秀"剧场、电影文化主题公园、名人广场、大众戏台等文化旅游项目，万达广场只是其中的要素之一。通过文化、旅游的参与性和体验性，有效对冲了电子商务的发展对传统购物方式的冲击。

表6-3 万达文旅项目文化体验内容

项目	文化体验内容
长白山国际度假区	滑雪场、会议中心、狩猎场、漂流、高端度假酒店区、大剧院、商业街、娱乐中心、温泉洗浴中心
武汉中央文化区	汉秀剧场、汉街、滨河休闲区、万达影城、奢华酒店集群
西双版纳国际度假区	主题公园、度假酒店区、傣秀剧院、商业中心、旅游新城
哈尔滨万达文化旅游城	剧场、电影科技乐园、名人蜡像馆、电影乐园、美术馆、室内滑雪场、室外主题公园
南昌万达文化旅游城	大型舞台秀、电影城、量贩KTV、电玩城、海洋乐园、室外主题公园
青岛东方影都	影视产业园、电影博物馆、影视会展中心
合肥万达文化旅游城	大型主题公园、室内水上乐园、两个电影科技馆、酒店群，文化旅游投资占63%
无锡万达文化旅游城	大型舞台秀、电影乐园和电影城，文化旅游投资占70%
广州万达文化旅游城	世界顶级室内滑雪场、世界级大型主题乐园、国际星级酒店群、世界级电影科技乐园、世界顶级未来科技秀场、世界级文旅商综合体万达茂、国际滨湖酒吧街

2. 南昌万达文化旅游城

南昌万达城位于南昌市九龙湖新区，总投资近400亿元人民币，其中文化旅游项目投资210亿元，占地面积4170亩，总建筑面积约475万平方米，可同时容纳5万名游客，预计年接待游客2000万人次。项目规划有文化、旅游、商业、酒店、滨湖酒吧街五大内容，以室内项目为主。文化项目包括大型舞台秀、电影乐园、电影城等。旅游项目包括室内主题乐园和大型室外主题公园：室内海洋乐园由世界著名的美国TVSA公司担纲设计，是全球规模超大、创新最多的海洋馆，设置有"海底环游""鲨鱼码头""国宝中华鲟鱼馆""海洋剧院"等七个主题展示区。大型室外主题公园占地80公顷，规模媲美迪士尼，建有中国最高、最快、最长的超大型过山车。

南昌万达城是南昌规模最大的以文化、旅游体验为核心的综合体项目。南昌万达文化旅游城建成后将缔造江西省的五大中心，即"文化中心""旅游中心""商业中心""休闲中心"和"度假中心"，成为江西省配套最齐全的核心区域。

（1）文化中心

大型舞台秀：由世界顶尖艺术大师马克·菲舍尔策划导演，演出节目水准达到世界一流。

电影乐园：引进世界最新电影科技娱乐项目，游客在虚拟的西游记3D立体世界中与各种鬼怪互相打斗，一决胜负。

电影城：设有14个厅，3000个座位，是中国设施先进的电影城之一。

大歌星量贩KTV：是汇聚时尚的健康娱乐场所。

电玩城：涵盖电子竞技等娱乐节目，为市民提供欢快的体验场所。

儿童天地：是融教育、购物、餐饮和娱乐为一体的儿童馆，是中部6省首家儿童主题综合馆。

（2）旅游中心

室内主题公园：海洋乐园由世界著名的美国TVSA公司担纲设计，是全球首屈一指、创新独特的海洋馆。精彩的海洋动物表演及互动项目，让大人和孩子共度欢乐时光。

大型室外主题公园：占地80公顷，规模媲美迪士尼，由世界知名公司担纲设计。其中，惊险刺激的超大型过山车，以及各种世界前沿游乐设施，让游客在风驰电掣中感受激情、在巨大落差中展现勇敢。

（3）商业中心

万达城商业中心建筑面积16万平方米，是整个文化旅游城的主轴线，将各个项目有机连接在一起。荟萃国内外时尚品牌和40家全球美食餐厅，让游客体验舌尖上的世界。

（4）度假中心

度假中心包含9个度假酒店和大型会议中心，将南昌市的旅游会议设施提升到世界一流水平。占地35公顷，规划9个度假酒店，包括1个六星级酒店、1个五星级酒店、2个四星级酒店和5个三星级酒店，共有4000间客房，6000个床位。大型会议中心建有2000平方米的超大宴会厅，旅游会议设施水平达到世界一流。

（5）休闲中心

休闲中心建筑面积2万平方米，计划引进20家国内外著名品牌，为游客提供现代化休闲生活。

（三）旅游综合体未来发展趋势

随着我国经济水平和居民收入水平的迅速提高，旅游市场前景一片广阔，加上我国拥有无比丰富的自然人文资源以及各级政府和有关部门政策上的大力支持，未来的旅游综合体绝对大有作为。结合现阶段的发展状况，我们分析未来旅游综合体的发展将会呈现以下几种趋势。

1. 主题特征鲜明化，品牌效用凸显

在各行各业同质化竞争激烈的今天，没有特色或者特色不鲜明的产品将无法给游客留下深刻的印象，最终淹没在洪流中。对于旅游综合体而言，也同样如此。主题是一个旅游综合体个性和特色的象征，也是整个综合体项目的灵魂支撑。未来的发展，国内的旅游综合体将会遍地开花，只有打造特色鲜明、主题突出的旅游综合体，才能实现差异化竞争，在无数同质项目中脱颖而出。

另外，成功品牌的打造是现代市场营销的灵魂。旅游综合体的开发者和管理者在建立打造起一个特色鲜明的旅游综合体项目的同时，也应该意识到打造品牌的重要性。许多结合项目自身特色和主题设计的广告宣传语，如婺源——中国最美乡村、西塘——生活着的千年古镇等，不仅贴切响亮，而且都深入人心，效果显著，在旅游者心中留下了难以磨灭的印象。如今国内真正拥有响亮的全国性名号的旅游综合体并不多，但未来大品牌项目一定会不断涌现。

2. 消费层级多元化，充分迎合市场

旅游综合体时代较以前的传统旅游，最突出的变化之一，就是从单一的旅游形态业态向多功能旅游产品的转变。复合多种服务多种业态的综合体比单一的旅游服务形态为旅游者带来了更大的便利和更大的效能，因此也得到了更好的市场反响和接受认可。

然而越来越多的公众参与到旅游中，不同层级的旅游者在旅游过程中追求不同层次的服务和产品，即使是相同层级的旅游者也会追求不同层次的服务和产品，例如有的人出游喜欢体验农家乐和农家菜，有的人则喜欢体现奢华和尊贵的高星级酒店。因此为了充分迎合市场的需求，在横向发展接近饱和之后，势必开始纵向的扩展——消费层级多元化。

消费档次的多样化需求是现代旅游消费发展的基本趋势。我国旅游市场不断发展，众多旅游者的消费心理日趋成熟，个性化需求也不断增长。因此对消费档次和结构的多样化需求，已经而且未来仍将是旅游市场发展中的一个重要趋势。故而应在配套多种产品业态的基础上，开发不同档次层级的同类产品，顾及尽可能多的市场需求，让尽量多的旅游者获得最大程度的满足，有效地增加其驻留时间，提升其满意度，为今后旅游综合体的可持续发展打下良好的基础。

3. 参与体验性项目比重增加

有关研究表明，最受欢迎的休闲娱乐方式，已经不再是传统的单纯观赏方式。旅游者在游览参观的过程中，参与和体验的愿望正变得越来越强烈。这是由两方面的原因导致的，一是积极参与到娱乐和休闲项目中的确可以使消费者获得比单纯观赏更多的愉悦体验，二是对于旅游资源中的很多历史文化艺术，只有通过参与和体验才能真切和深刻地融入其中并理解其内涵。因此积极体验和积极参与的意识已在现代旅游者消费观念中不断强化。许多现阶段经营较成功的旅游综合体都将游客的旅游体验作为项目产品中的重要组成部分，其中参与性的设施和活动已经成为了吸引人气的重要手段。因此未来旅游综合体的发展，也必须更加注重参与体验性项目的建设，方可赢得竞争赢得市场。

三、文化创意产品开发

(一) 旅游产品开发运用文化创意理念的重要性

旅游产品是引发旅游需求的凭借和旅游活动的对象,在旅游业中居于核心地位。旅游产品的质量高低直接影响旅游者的旅游体验效果,关乎旅游目的地的生存和发展。因此,旅游产品的设计开发,对旅游目的地的发展至关重要。现代旅游需求日益注重产品的文化性、创新性和体验性,旅游者求新、求异的需求动机要求旅游产品更加具有文化内涵和特色。

随着旅游业的发展,旅游需求层次和水平日益提高,旅游目的地竞争日益激烈,特色而有创意的旅游产品的开发,既是满足旅游者高层次需求的需要,又是保持旅游目的地竞争力的关键。

1. 文化创意推动旅游文化资源的开发

文化创意产业以人的创意为基础,创意的源泉是人的大脑,脑力创意是无限的。我国许多具有悠久历史的地区都有过沧海桑田的历史变迁,经历过时代的风风雨雨,汇聚着丰厚的文化资源,这为发展文化创意产业提供了广阔空间和潜力。在市场经济发展的今天,这些人文遗存又具有潜在的经济资源价值,而运用文化创意对这些文化资源进行开发利用,是将其历史文化价值转化为经济资源价值的重要途径。

2. 保持市场竞争地位

旅游产品竞争力是旅游产品在市场竞争的优胜劣汰中取胜的能力。文化是旅游发展的灵魂,旅游是文化发展的依托。旅游产品的竞争力最终体现的是文化创意的竞争、文化的竞争。旅游产品开发中的文化创意是一种赋予旅游产品丰富的文化内涵,使旅游目的地形质和谐,洋溢饱满的人文精神和浓郁的文化氛围的活动。因而我们可以认为,在当前旅游产品开发中,突出旅游产品的文化创意,才能打造出有竞争力的旅游产品。只有把文化创意与旅游紧密结合起来,产品才具有生命力。

3. 文化传承的需要

文化的传承绝不是不能有市场化的运作，相反，合理的创意开发有利于人们的识别和认同，而只有获得人们的认同，才可能保持长久的生命力。当代旅游业的发展有目共睹，有力地促进了社会经济和文化的发展。文化是有延续性的，文化创意就是要求从文化的角度而不是从单纯的经济效益角度出发，调整好人与自然的关系，保持良好的生存环境和高质量的物质文化水平，在保持稳定持续的经济发展的过程中，既能满足当代人的需求，又不损害子孙后代需求能力的发展，保证自然和文化资源的永续利用。在旅游开发的文化创意中，从古旧建筑到民间音乐、舞蹈、手工艺品等民间艺术都是重要的文化创意资源，应当以之为载体向旅游者传递更多的传统文化信息和深邃历史内涵。

（二）旅游产品开发运用文化创意理念的要求

1. 消费者需求是导向

国务院于近日发布的《关于推动文化文物单位文化创意产品开发的若干意见》提出，"推动文化资源与现代生产生活相融合，既传播文化，又发展产业，增加效益，实现文化价值和使用价值的有机统一。力争到2020年，逐步形成形式多样、特色鲜明、富有创意、竞争力强的文化创意产品体系，满足广大人民群众日益增长、不断升级和个性化的物质和精神文化需求。"

保障人民群众的基本文化消费需求是文化产业的重要任务和发展目标。随着我国经济水平的不断提高，人民群众的生活质量呈现出了跨越式的提升，多样化、个性化的文化创意产品和文化服务成了当下市场的新宠儿，不仅成为拉动文化消费的新增长点，甚至也是转型提质升级的突破口之一。

文创产品的开发一定要以人民需求为导向，保障人民群众的基本文化权益。如何增加优质的产品供给，由低质循环走向高质循环，是文化创意产品吸引消费群体、融入现代生活亟须解决的问题。同时，产品设计理念要与时俱进，把内涵丰富的文化变得鲜活生动，吸引消费者。

2. 融合发展是路径

近年来，我国文化产业与其他领域的深度融合与发展已经取得了一定的成果，"文化+制造业""文化+旅游""文化+农业"等多种业态融合模式不断涌现。"文化+"也为文创产品的开发注入了新动力，让越来越多的人实现了从"单纯的生活"向"有文化意义的生活"的转变。

除了产业之间的融合之外，文化产业与互联网和高新技术的融合也是发展途径之一。文化产业要与新兴产业相结合，开辟出一条新的路径。以互联网和VR技术为例，现在已经有博物馆开始应用VR技术打造全新的参观模式，这是一种新的文化体验，真正实现了人民群众把博物馆和文化带回家的愿望。

3. 打造品牌是保障

品牌作为一种标识，蕴含着巨大的市场潜能，文化品牌更是文化的经济价值与精神价值的双重凝聚。优质的文化品牌是博物馆、美术馆、图书馆等文化文物单位可持续发展的动力和保障。

"品牌是文化的代言人，先做品牌，再做产品，最后才是销售。文化融入现代生活，与艺术和科技相结合，产品化、日用化，让我们的生活不单单物质富足，精神也不贫瘠。"品牌开发是一个抽象、提炼、升华和创造的过程，用世界的眼光和全球化的思维打造出的品牌才能促使中国文化更好地走出去。

在不断开发和打造新品牌的同时，也要注重对文化品牌版权的保护。我国文博资源丰富，但目前在文博界，相关的知识产权和版权概念界定不明确，给后续开发利用带来了困难与阻碍。

（三）故宫博物院自我求变之路

近年来，随着国家文化政策逐步完善，鼓励博物馆大力发展文化创意产业，故宫博物院的文化创意工作也在随之改变，从旅游纪念品迅速向文化创意产品方向过渡。

在发展文化创意产品方面，故宫已经走在了前列。截至2015年底，故宫博物院共计研发文化创意产品8683种，获得相关领域奖项数十种，以"萌"为设计理念且充满故宫元素的"宫廷娃娃"家族系列产品等一经推出就受到了观众的青睐。2014年9月,故宫博物院推出时尚文化创意产品"朝珠耳机",迅速引起了广泛的关注,也带动故宫淘宝的销售,并且在第六届博物馆及相关产品与技术博览会上荣获了"文创产品优秀奖"。这件文化创意产品的研发思路,便是功能、时尚与文化的结合。所产生的文化创意,立即引发大众,特别是年轻人对故宫文化创意产品的关注,进而在使用的过程中引发对故宫文化的兴趣。

故宫博物院的文创产品销售额从2013年的6亿元增长到2015年的近10亿元。故宫博物院所积累的经验对于正在探索文化创意产品开发的博物馆、美术馆、图书馆等文化文物单位而言,意义非凡。

1. 以社会公众需求为导向

让文物藏品更好地融入人们日常生活之中,发挥其文化价值是博物馆的追求。故宫博物院院长单霁翔表示:"故宫出品,必是精品。"文创产品的重点是实现文化传播,而它今天的定位是根植于传统文化,紧扣流行文化元素,因为只有社会大众能够乐于享用的产品,才是好的文化创意产品,将传统文化与现代生活相结合,才能有效缩短消费者与博物馆文化的距离。

2. 以科学技术手段为引领

许多文化创意产品也借助科技手段,更贴近人们的需求。还是以故宫为例,其自主研发的8款APP应用产品,取得了平均下载量破百万的显著成绩,例如《韩熙载夜宴图》APP运用了大量科学技术手段,共有100个内容注释点、18段专家音视频导读和一篇后记,并有台北"汉唐乐府"表演团体用非物质文化遗产"南音"演绎画中乐舞,从而提供给观众新鲜时尚的媒体交互体验。而《皇帝的一天》APP是故宫博物院专门为9岁至11岁的孩子们研发的移动应用。通过趣味性、启发性的内容,结合交互技术实现有效沟通,将中华传统文化知识用更有趣的方式传达给孩子们,纠正一些影视剧对宫廷文化的误读。

3. 以弘扬中华传统文化为目的

要通过故宫让孩子们更多地了解中华传统文化。孩子们很喜欢故宫文创产品,

2015年故宫举办文化教育活动28 000多次，大量教育活动进入中学、小学、大学，进入了社区，也让更多孩子来到故宫。2016年5月18日是国际博物馆日，很多孩子在故宫里参加故宫知识讲堂系列活动。孩子们可以手绘龙袍、画盘子、做皇帝的新衣、结彩、包粽子，所有都是免费的。18日启用新的故宫博物院教育中心，面积比过去扩大了几倍，五个大的教室，能够使更多的孩子、更多的班级在这里享受文化熏陶，并且能够进行更系统的文化传播，更有启发意义的动手实践。故宫主张中国孩子要玩中国的玩具，比如布老虎系列、陀螺系列、拨浪鼓系列、风车系列、沙包系列，每次推出文创产品都收集观众的反馈意见，根据他们的喜好来不断进行改进。

现在中国旅游景区从商业痛点角度来说，游客的增长率是在下降的，例如故宫限流了，景区容量有限，游客不可能无限制增长。实体景区无法无限制推广，但是二次消费如购物等不会有限制。行业在发展，时代在进步，不同时代有不同的商业价值。所有的价值再大都赶不上岁月这把杀猪刀，跟上时代的变化才是重点。

四、衍生业态

票管家成立于2012年，是国内首家全平台化运作的在线旅游B2B服务商，也是国内领先的以B2B为核心的在线旅游大数据综合服务商。

据票管家董事长黄荣介绍，刚成立的票管家只做全国电子门票。时值电商OTA刚刚培养消费者对景区的消费习惯，所以无论是消费者还是景区都逐渐接受电子门票，做景区电子门票业务的阻力很小，而景区对其资金上的要求也不是很严格。2012年到2013年底，票管家只靠自己的资金流动发展其业务，而且发展得比较顺利。

对于票管家的商业模式，黄荣将其定位于旅游界传统时代的同业分销，其平台叫IMS整合营销系统，定位于为景区提供营销服务，而不是传统意义上的黄牛票贩子。从成立发展至今，票管家目前旗下有三大主营业务：大平台服务、整合营销服务和智慧票房服务。其中，平台服务是票管家的核心优势业务。作为一家在线旅游B2B公司，票管家为旅游行业上游和下游的渠道提供了便捷而高效的产品交互服务。

1. 开始向服务景区的逻辑演进

考虑到票务分销的利润在收窄，且竞争愈发激烈，票管家的未来设想当然不只是卖票。在票管家黄荣的理解中，B2B平台不仅仅是撮合交易赚个手续费，而应该创造更多价值。作为B2B行业的源头，只有供应商的效率提高，才能提高整个生态的效率，所以，票管家的远期设想是为景区提供全方位的支持和服务。

黄荣表示，在过去的半年时间，票管家正在尝试向智慧景区方向延展。这种延展的前提，是票管家与一些景区建立了足够紧密的联系。他表示，景区的管理是大部分工作人员都在外面，无论是跑业务的还是做运营的，很难随时随地都有电脑，移动端办公是非常灵活的。本来是景区分销渠道的票管家，还想要以顾问团队的身份帮助景区完成整合营销、社会化营销等业务，包括广告投放策略、品牌包装、公共关系维护以及景区内标识和指示牌管理、旅游纪念品设计等。黄荣认为，传统景区的广告投放策略并不适应互联网的发展，而随着散客化趋势愈发明显，景区对于在更广的范围内、更多渠道上获取自由行用户的诉求在增强，但景区对网络投放没有经验，也欠缺这方面人才，而这恰好是票管家作为一个第三方机构的机会。

票管家的目标客户群体是中小景区。黄荣解释，大景区基本有自己的管理系统，即使管理系统不好，至少团队都在用，而中小景区的管理和营销人才都比较匮乏。整个产品形态是基于票管家的票房系统所做的升级。同时，票管家也在储备做社会化营销、整合营销的人才。

黄荣希望这套系统是相对标准化的，即一个底层系统上面搭建若干模块，保证大小景区都能够使用，最后根据使用情况、员工数量等要素进行定价，但未来也不排除为一些景区定制系统。

2. B2B票务分销起家的票管家正迎来新的转型升级

2015年末，票管家成功挂牌新三板，在挂牌不久后，又开启了资本首秀，拟通过增资的方式收购上海致旅智能科技有限公司和杭州搜洛品牌策划有限公司各75%

的股权。

"挂牌新三板后，票管家将致力于将自身打造为智慧景区一站式运营专家。"对于票管家未来的发展方向，黄荣表示，未来，票管家拟通过集聚目前门票分销平台所代表的竞争力，来提高自身目的地综合服务能力和产业链上游集聚力，以打造一个全产业链的生态圈。

随着中国智慧旅游建设的不断深化，景区对于拥抱互联网的需求日渐强盛，景区信息化服务空间巨大。这也使得众多以景区为服务目标的企业，开始围绕景区智慧化建设构建业务体系。

黄荣认为：近年来，我国景区信息化取得了较大的进展，但总体来看，我国景区行业信息化整体水平还比较低，景区建设智慧化的真正痛点还没有被触碰，还没有被改变与革新。

3. "从点到面"的业务布局助力景区智慧化建设

目前，景区自身对于智慧景区建设有着迫切的愿望和巨大的需求，对旅游产品多渠道触网的需求也非常强烈，但这需要有影响力的中间平台来帮助景区实现上下游的对接。这一中间平台不仅需要适应大众旅游与散客时代带来的市场需求与市场趋势，同时需要用其自身对于资源端的了解来提升景区的管理效率。

黄荣表示，票管家正在努力向这一中间平台转变，目前票管家旗下的业务分为平台战略事业群、数字营销事业群、景管事业群三大事业群。其中，数字营销事业群负责社会化媒体营销、品牌营建、媒介管理、社交身份管理、视觉及文创服务；景管事业群负责景区营销管理服务输出、景区智慧票房解决方案、OKR 及大数据服务、移动 OA 及办公协作；平台战略事业群负责景区门票分销及策略。

票管家三大事业群业务之间也是互相补充并力求实现通力合作，真正做到由点到面的波及，也正迎合了景区智慧化信息化的需要。

据了解，票管家目前已经覆盖了 5000 多家线上和线下渠道，并与大约百余家景区和酒店建立了直接合作关系，此外，还与 7 个景区建立了独家线上合作关系。在业务布局上，从地域覆盖来说，票管家主打以华东区域为核心区域；以服务类型来划分，温泉类主题酒店以及乐园型高频次消费景区是票管家一直以来的重点资源。

4. 收购"致旅""搜洛"旨在打造产业链闭环

2016 年初，票管家对外公布，拟通过增资的方式，收购上海致旅智能科技有限公司（以下简称"致旅"）和杭州搜洛品牌策划有限公司（以下简称"搜洛"）各 75% 的股权。此番战略投资，是票管家在智慧景区建设与景区托管运营领域的又一重要布局。此次对外投资项目完成后，票管家将新增景区托管运营及营销服务输出、智慧景区、视觉及周边文创服务、品牌策划等业务，将助力其拓展业务范围、提高综合实力、增强行业竞争力，并将对公司未来的经营及盈利能力产生积极影响。

而对于此次收购的意义，黄荣表示，在旅游的全产业链中，"供应商—B2B 平台—分销商—游客"四个环节紧紧相扣并逐一递进。本次收购完成后，票管家将借助其在 B2B 平台领域深耕多年的资源，以之为核心，实现四个环节背后的通力合作，切入景区运营及托管服务、景区营销管理服务输出、智慧景区解决方案等多个业务领域，打造全产业链条。

5. 未来前景

票管家的未来设想是通过服务来获取营业收入，虽然这听起来并不是一件容易可规模化的事情，尤其是整合营销这些业务，基本都是靠"堆人"来解决，但景区管理系统的模式倒是边际成本递减的模式。黄荣认为，面向景区的服务工作，一定会有人来做，可能是 OTA，可能是批发商，也可能是 B2B 平台，而目前还没有看到明显的趋势。

票管家在票务领域还是有很多设想，黄荣认为，未来的出路在于突破一些地域性，从而保持和 OTA 不错的互补性。目前 OTA 的地域性特点非常明显，因此其所销售的境内旅游产品，以及这些产品的采购都有一定的地域性。而票管家希望突破一些地域性，不是仅停留在华东，而是向东北等地区渗透。